마음이
소모되기 전에
생각할 것들

[SHINPAN] DONNA TOKI MO JINSEI NI "YES" TO IU
Copyright © 2024 by Yoshihiko MOROTOMI
All rights reserved.
First original Japanese edition published by PHP Institute, Inc., Japan.
Korean translation rights arranged with PHP Institute, Inc.
through Imprima Korea Agency.

이 책의 한국어판 저작권은 IMPRIMA KOREA AGENCY를 통해
PHP Institute, Inc.와 독점 계약한 유노콘텐츠그룹 주식회사에 있습니다.
저작권법에 의해 한국 내에서 보호를 받는 저작물이므로
무단전재와 무단복제를 금합니다.

불안, 허무, 자책에서 자유로워지는 빅터 프랭클 심리학

마음이
소모되기 전에
생각할 것들

모로토미 요시히코 지음 | 나지윤 옮김

삶의 의미를 찾는 데 성공하면
행복해질 뿐만 아니라
역경을 딛고 일어서는
능력까지 갖추게 된다.

빅터 프랭클 Viktor Frankl

| 일러두기

모든 각주는 옮긴이의 말입니다.

부서진 마음을
단단하게 이어붙이는
절대 긍정의 철학

다음 항목 중 자기에게 해당하는 것이 몇 개나 되나요?

○ 매일 나름대로 충실히 살아가지만, 가끔 견딜 수 없이 허
  무하고 인생이 빈 껍데기 같다.

○ 살아갈 목표를 모르겠다. 삶의 활력이나 보람, 충만감을
  느끼지 못한다.

○ 왜 세상에 태어났는지 모르겠다.

○ 때때로 모든 걸 내던지고 싶다. 인생이 살 만한 가치가 있
  는지 모르겠다.

○ 인간은 어차피 죽는데 인생을 열심히 살아간들 무슨 소용

인가 싶다.

공감하는 항목이 많았다면, 부디 이 책이 스스로를 변화시킬 계기가 되기를 바랍니다. 그렇지만 '이 책을 읽으면 당신은 기필코 변한다!'라고 허풍을 떨 생각은 없습니다. 인간은 그리 쉽게 변하는 존재가 아니니까요. 지금껏 수많은 상담을 통해 뼈저리게 깨달은 사실입니다.

저의 경우를 먼저 이야기해 볼게요. 저는 10대 중반에서 20대 후반까지 왜 세상에 태어났는지를 고민하며 고통스러운 시간을 보냈습니다. 지금 돌이켜보면 언제 목숨을 끊어도 이상하지 않을 만큼 벼랑 끝에 내몰린 상태였습니다. 질풍노도의 시기를 보내는 청년들이 그렇듯, 저 또한 인생에 어떤 의미가 있는지를 의심하고 또 의심했습니다. 그럴수록 세상 모든 일들이 무의미하게 느껴지더군요. 더 나아가 이 모든 일의 원흉인 인간의 욕망 자체에 넌덜머리가 났습니다. 인간이 사는 세상, 인간이 가진 생명이 혐오스러워서 견딜 수가 없었습니다. '인류는 차라리 멸망하는 게 낫다'라는 과격한 상상마저 할 정도였지요.

이 때문에 인생 따위는 무의미하다고 여기는 냉소주의로 일관했습니다. 세상을 부정적으로 바라보고 인간과 생명을 혐오하다가 끝내는 저 자신마저 혐오하기에 이르렀습니다. 그러다 보

마음이 소모되기 전에 생각할 것들

니 산다는 것이 지겨워지기 시작하더군요. 산다는 건 인생의 무의미함을 견디거나, 어쨌거나 살아가다 보면 인생에 의미가 있다고 스스로 속이는 일을 반복할 뿐이라고 여겼습니다. 거기다가 본래 타고난 약골이라 무슨 일을 하든 쉽게 피곤이 몰려오지요. 요즘도 몸이 지치면 기진맥진해져서 강연이나 집필 따위 다 포기하고 싶어집니다.

이렇듯 몸도 마음도 심약한 저였지만, 뜻밖의 체험을 통해 인생을 다르게 바라보게 되었습니다. 그때 비로소 인생의 의미가 보이기 시작했지요. 이 책에는 그런 제 경험담이 담겨 있습니다. 누구보다 쉽게 좌절하는 나약한 인간이 어떻게 스스로를 격려하고 어떻게 인생을 바라보게 되었는지 알려드리고자 합니다. 이 경험담이 살아갈 의미를 잊고 허무함에 시달리며, 마음이 소모되어 가고 있는 당신에게 조금이나마 도움이 되었으면 좋겠습니다.

◦◦◦

인생이란 어떤 각도에서 보면 의미가 있어 보이고 어떤 각도에서 보면 의미가 없어 보입니다. 어떤 각도에서 보면 살 가치가 있어 보이고 어떤 각도에서 보면 살 가치가 없어 보입니다.

'이런 일이 생기다니 살아 있어서 다행이다'라는 경험을 하면 인생에는 의미가 있다고 느낍니다. 반면 불행한 일이 겹쳐 '인생이란 이런 일이 끝없이 반복될 뿐이구나'라는 생각이 들면 인생 자체가 무의미하게 다가오지요. '살아갈 의미가 있다'라고 여겨지는 경험은 그 어떤 것보다 생생한 울림을 줍니다. '인생에는 의미가 있다. 우리 모두에게 부여된 사명이 있다'라는 생각 자체가 매일 최선을 다해 살아갈 원동력이 되니까요.

살다 보면 마음 한구석이 공허해지고 삶 자체가 고역으로 느껴질 때가 있습니다. 그럴 때마다 빅티 프랭클의 책을 펼칩니다. 그의 책을 읽으며 흐트러진 마음을 다잡고 기운을 불어넣어 본래의 나로 돌아갑니다. 영혼에 새로운 생기를 불어넣고 매 순간 충실히 살아가자고 다짐합니다. 프랭클의 책은 저에게 살아갈 의미를 되새겨 주는 보물 같은 존재입니다.

나치 강제 수용소에서 겪은 참혹한 고통을 서술한 《죽음의 수용소에서》로 전 세계인에게 깊은 감동을 선사한 오스트리아 정신과 의사 빅토르 에밀 프랭클은 이렇게 말합니다.

"어떤 순간에도 인생에는 의미가 있습니다. 누구에게나 살아갈 의미와 주어진 사명이 있습니다."

프랭클이 일생을 통틀어 우리에게 전하고자 했던 핵심 메시지는 바로 이것입니다. 아무리 삶이 힘들고 지쳐도 괜찮습니다. 아무리 마음이 괴롭고 허무해도 괜찮습니다. 나의 마음이 다 소진되어 텅 빈 것 같아도 불가능하지 않습니다. 우리를 다시 일으켜 세울 무언가가 있다면 말이지요.

혹시 '내 인생은 도대체 왜 이럴까?', '난 운이 나빠서 뭘 해도 행복해질 수 없어.' 이렇게 생각한 적이 있나요? 이런 생각을 하면서 하루하루 절망 속에서 보낸 적이 있나요? 명심하세요. 어떤 경우라도, 그 어떤 상황이라도 자기 안의 무언가를 바꾸면 절망에서 벗어날 수 있습니다. 그 뒤에 돌이켜보 모든 일은 그럴 만한 이유가 있어서 일어났고, 모든 일은 내가 뭔가를 깨닫게 해 주기 위해 일어났다고 생각하게 됩니다.

누구를 원망하거나 시기하지 않고 현실을 있는 그대로 받아들이게 됩니다. 매사 담담하고 자연스럽게 받아들이면 홀가분하게 살아갈 수 있습니다. 어려운 상황에서도 삶을 긍정하는 방법, 이것이야말로 플랭클이 말하는 절대 긍정의 철학입니다. 이 책에서 프랭클이 전하는 절대 긍정의 철학을 살펴보고 일상에서 이를 실천할 방법을 소개해 보겠습니다. 프랭클의 철학이 저에게 기둥 같은 존재가 되어 주었듯 당신에게도 그런 존재가 되기를 바랍니다.

빅터 프랭클이 말하는 긍정적인 인생을 좀 더 구체적으로 설명해 보겠습니다. 허무로 소모되기만 하는 마음을 충만하게 바꾸려면 어떻게 해야 할까요? 프랭클은 기본적인 인생철학, 다시 말해 스스로 삶을 받아들이는 기본적인 태도를 바꿔야 한다고 말합니다.

'인생이란 무엇인가?'
'인간은 무엇을 위해 태어났는가?'
'인생은 무엇을 위해 존재하며 나는 어떻게 살아야 하는가?'

이것은 기본적인 인생철학에 대한 질문입니다. 요즘은 많은 현대인이 이러한 인생철학, 즉 인생에 대한 기본적인 인식이 왜곡되어 있습니다. 인생의 가장 본질적인 부분에서 첫 단추를 잘못 끼운 탓에 저마다 열심히 살고 있어도 진정한 행복이나 깊은 충만감을 느끼지 못하는 거예요.

세상에는 운 좋은 인생도 있고 운 나쁜 인생도 있습니다. 하지만 잘 살펴보면 늘 좋은 일만 있는 인생도 없고 늘 나쁜 일만 있는 인생도 없습니다. "인생사 새옹지마"라는 말처럼 모든 인생에는 좋은 일이 있으면 나쁜 일도 있기 마련입니다. 누군가는 사소한 불운이나 나쁜 일이 겹치면 세상이 무너진 듯 낙담하거나 안

마음이 소모되기 전에 생각할 것들

절부절못하며 남 탓을 합니다. 누군가는 거대한 불운이나 끔찍한 일이 연달아 닥쳐도 담담히 넘깁니다. 이런 게 세상입니다.

요컨대 사람의 행복이나 불행을 결정하는 건 그 사람이 가진 운이 아니라는 뜻입니다. 행복이란 좋을 때든 나쁠 때든 삶을 받아들이는 태도에 달려 있습니다. 이것을 인생철학이라고 부른다면 올바른 인생철학을 체득하고 실천하는지가 진정한 행복을 얻을 비결인 셈이죠. 뒤집어 말하면, 인생철학 혹은 삶을 받아들이는 방식이 왜곡되어 있으면 결코 행복해질 수 없을 테고 마음은 계속 소모되어 가기만 할 겁니다.

이것이 우리가 세상에 태어난 의미와 목적, 사명을 깨닫고 이를 실현하기 위해 노력해야 하는 이유입니다. 하루하루를 소중히 여기며 최선을 다해 살아간다면 비로소 진정한 행복과 일상의 충만함을 느낄 수 있습니다. 인생의 가장 본질적인 부분에서 첫 단추를 잘못 끼운다면, 삶의 토대가 되는 인생철학을 바로잡지 않는다면, 진정한 행복을 느끼지 못한 채 소중한 인생을 허비할지도 모릅니다.

° ° °

프랭클 심리학을 토대로 우리를 진정한 행복으로 이르게 하는 기본적인 인생철학을 간략히 구성해 보자면 다음과 같습니다.

> 지친 퇴근길 문득 밤하늘을 올려다본다. 무수히 많은 별이
> 펼쳐진 밤하늘을 올려다보며, 보이지 않는 어딘가에서 나에
> 게 보내는 목소리에 귀를 기울인다. 거대한 우주 속에서 내
> 생명에 부여된 의미를 깨닫는다. 세상으로부터 생명을 부여
> 받은 나는 살면서 이루어야 할 사명(영혼의 사명)이 있다. 그것
> 을 실현하기 위해 나는 하루하루 최선을 다해 살아간다.

이런 인생철학을 세우고 따르면, 우리에게 일어나는 모든 일
은 인생이 나에게 던지는 질문이자 인생이 나에게 주는 메시지
와 같습니다. 이 메시지에 조용히 귀를 기울이면 우리가 인식하
는 세계는 끝없이 풍요로워지고 덩달아 우리도 성장해 나갈 것
입니다.

이 책은 크게 두 갈래로 나뉘어 있습니다. 먼저, 우리의 인생
이 왜 허무한지, 왜 욕구를 채워도 공허한지 되짚고 인생철학의
의미와 바른 기준을 세우는 법을 이야기해 볼 겁니다. 두 번째
로는 프랭클 심리학을 바탕으로 하여 그가 제안한 마음을 다스
리는 법, 긍정적으로 인생을 바라보는 법을 이야기해 보려고 합
니다. 프랭클 심리학이라는 말이 어렵게 느껴진다면 안심하시

마음이 소모되기 전에 생각할 것들

기 바랍니다. 되도록 심리학에 나오는 전문 용어는 피하고 누구나 알기 쉽게 이야기해 보겠습니다.

저는 늘 많은 고민을 품고 살아왔습니다. 이 책에서 제가 고민에 어떻게 대처했는지도 알려드리겠습니다. 그렇다고 저를 인생의 모범으로 삼으라는 뜻은 아니니 오해하지는 마세요. 젊은 시절 처절하게 이어졌던 제 고민의 기록이 불안과 허무로 마음이 소모되고 있는 당신이 인생의 의미를 되찾는 데 조금이라도 도움이 되기를 바랍니다.

。。。

이 책을 미국에서 만난 소중한 인연인 마사에, 미치코 모녀에게 바칩니다. 미치코는 미국 유학 도중 불의의 교통사고를 당했습니다. 다행히 살아나긴 했으나 평생 휠체어 신세를 져야 했지요. 당시 오십 줄에 가까워진 어머니 마사에는 그때까지 한 번도 해외에 가 본 적이 없었고 영어도 한마디 못했습니다. 그럼에도 미국으로 날아가 장애인이 된 딸을 돌보며 10년 이상 힘겨운 생활을 이어오고 있지요.

처음에는 두 사람 모두 사고 가해자를 증오했어요. 불운하기 짝이 없는 운명도 저주했지요. 더 이상 살 이유가 없다며 동반 자살을 결심한 적이 한두 번이 아니었다고 합니다. 그렇게 세상을 원망하고 저주하던 모녀는 어느 날 세상을 보는 시각이 달라졌습니다. 모든 일을 있는 그대로 받아들이고 자신들에게 이런 시련을 안겨 준 인생에 감사하는 마음마저 품게 된 거예요. 언젠가 함께 드라이브하던 중 마사에가 이런 말을 하더군요.

"나는 캘리포니아의 눈부시게 푸른 하늘을 사랑해요. 요즘 들어 이런 생각이 든답니다. 모든 게 처음부터 정해져 있었던 건 아닐까. 딸이 사고를 당한 일, 내가 미국에 오게 된 일 모두가 처음부터 정해진 운명이 아닐까. 이토록 푸른 하늘을 보여 주시려고 하느님이 우리에게 이런 시련을 주신 건 아닐까."

생각이 바뀌자 고통스러워하던 자신들을 곁에서 지켜 준 사람들에게 감사하는 마음을 갖게 되었습니다. 그리고 고마움에 보답하고자 자신들이 받은 위로와 격려를 어려운 처지에 놓인 사람들에게 돌려주기로 마음먹었습니다. 그것이 모녀에게 주어진 사명이라 여겼습니다. 그런 시기에 때마침 제가 나타난 거죠.

모녀는 저에게 흔쾌히 방을 내주었습니다. 일면식도 없는 생판 남에게 말이에요. 그 집에 신세를 지게 되면서 무척 놀랐습니다. 하루가 멀다고 손님의 발길이 끊이지 않았거든요. 어둠이 찾아오면 타지 생활에 소외감을 느끼는 사람이나 쉽게 남들과 어울리지 못하는 외로운 사람이 찾아와 따뜻하게 마음을 녹

　　　　　　　마음이 소모되기 전에 생각할 것들

이고 갔습니다. 모녀의 집은 '인종과 국적을 가리지 않고 즐거운 파티를 하는 집'으로 입소문을 타며 점점 더 많은 사람의 행렬이 이어졌지요.

마사에와 미치코는 언제 누가 문을 두드려도 싫은 기색 하나 없이 따뜻한 미소로 그들을 맞이했습니다. 싫어도 억지로 예의를 차리는 게 아니라 무척 자연스럽게 처음 보는 누구와도 웃는 얼굴로 대화를 나누었지요. 타인의 기쁨이야말로 자신의 기쁨이라는 마음이 오롯이 드러나는 그들의 빛나는 얼굴이 아직도 눈에 선합니다. 마사에와 미치코의 삶을 보며 저는 프랭클의 메시지를 떠올렸습니다.

"어떤 상황에서도 인생에는 의미가 있습니다. 또한, 모든 사람의 삶에는 의미가 있습니다. 이 세상에 생명이 존재하는 한, 당신에게는 채워야 할 의미와 이뤄야 할 사명이 있습니다. 설령 당신이 깨닫지 못하더라도, 그것은 이미 당신의 발밑에 다가와 있습니다.

이 세상 어딘가에서 당신을 필요로 하는 무언가가 있습니다. 당신을 필요로 하는 누군가도 있습니다. 그리고 그것들을 위해 당신만이 할 수 있는 일이 있지요. 그것들은 당신이 발견하고 실현하기만을 기다리고 있을 겁니다.

그러니 아무리 힘들어도 이렇게 받아들이십시오. 인생에서 일어나는 모든 일은 인생이 당신에게 던지는 질문이고, 인생이 당신에게 던지는 메시지라고. 당신에게 의미 있고 필요한 일이라서 일어난 것으로 담담히 받아들여 보세요. 그 모든 일들은 당신에게 진정으로 소중한 것이 무엇인지 깨닫게 해주는 메시지를 담고 있을 겁니다."

귀국한 뒤, 거리를 걷다가 흠칫 놀랐습니다. 사람들 표정이 어찌나 어둡고 차갑던지요. 지하철이나 버스를 타면 예외 없이 고개를 푹 숙이거나 스마트폰을 보면서 가급적 다른 사람과 눈을 마주치지 않으려 하더군요. 신문과 뉴스에서는 하루가 멀다 하고 흉악범죄가 보도되었고, 사람들은 당장이라도 절망과 분노가 폭발할 것 같았습니다. 다들 품 안에 칼이라도 숨기고 다니는 건 아닐까, 끔찍하지만 이런 상상마저 들 지경이었지요.

그때 마사에와 미치코 모녀의 미소가 떠올랐습니다. 가혹한 운명마저 의미 있는 시련으로 받아들이고 모든 일과 사람에게 감사하는 마음으로 살아가는 법, 이 모녀가 살아가는 방식을 우리도 배운다면 얼마나 좋을까 하고 생각했습니다. 그럴 수만 있다면, 모두가 힘들고 각박한 이 세상에도 희망을 잃지 않고 행복하게 살아갈 수 있지 않을까요?

이 책은 그런 바람으로 탄생했습니다. 모쪼록 이 책이 살아갈 의미를 잃고 허무함에 빠져 마음이 소모되고만 있는 독자 여러분에게 조금이라도 도움이 되기를 바랍니다.

모로토미 요시히코

제1장

꼭 인정받아야만 좋은 삶일까?
프랭클이 말하는 '마음이 소모되는 이유'

제2장

왜 쉽게 허무해지는 걸까?

프랭클이 알려주는 '행복의 역설 깨닫기'

제3장

왜 나부터 탓하는 걸까?

프랭클에게 배우는 '인생철학 바로잡기'

제4장
어떻게 삶의 의미를 찾을까?
프랭클이 소개하는 '스스로에게 질문 던지기'

제5장
삶에 보람을 느끼기 위해 생각할 것
실전1: 창조 가치 실현하기

제6장

좋은 관계를 맺기 위해 생각할 것

실전2: 체험 가치 실현하기

제7장

운명을 긍정적으로 보기 위해 생각할 것

실전3: 태도 가치 실현하기

제1장

꼭 인정받아야만
좋은 삶일까?

프랭클이 말하는 '마음이 소모되는 이유'

고민 많은
한 상담가의 사연

저는 심리 상담학을 전공한 대학교수입니다. 그래서 누군가를
처음 만나면 으레 다음과 같이 대화가 시작됩니다.

상대 대학 교수님이시라고요, 실례지만 전공이⋯⋯?

나 전공은 상담학입니다.

상대 상담이라고 하면, 남의 고민을 들어주는 건가요?

나 네, 그런 셈이죠.

상대 실은 전부터 궁금했는데요, 상담하는 사람은 고민이
없나요?

나 그럴 리가요. 당연히 고민이 있지요.

상대 정말요? 상담가가 고민해도 괜찮나요?

나 사람이니 어쩔 수 없지요. 오히려 상담가가 되는 사람은 다른 사람보다 고민이 많아요. 늘 속앓이만 하다가 문제에 제대로 달려들어 어떻게든 해결을 본 사람들이니까요.

그들은 고민을 하기 전과 한 이후의 삶이 완전히 달라진다는 걸 알아요. 고민하면서 그것을 해결하기 위해 노력하다 보면 정신적으로 성장하고 깊은 충만감을 느끼거든요. 이런 경험을 하다 보니 다른 사람의 고민을 함께 나누고 싶어서 상담가가 된 사람도 많지요. 저 또한 그중 하나고요.

살면서 고민이라는 걸 해 보지 않은 상담가를 신뢰할 수 있을까요? 고민하는 일이 무엇인지, 얼마나 힘든지 직접 겪어보지 않고는 알 수 없는데 말이에요.

상대 아…… 듣고 보니 그렇군요.

구체적인 통계를 본 적은 없지만, 적어도 제 주변 상담가 중에는 고민 많은 사람이 대다수입니다. 상담가끼리 서로 고민을 상담하는 일도 적지 않고요.

저는 타고나길 내성적이고 예민한 성격입니다. 초등학교 시절에는 선택적 함구증을 앓아서 교실에 들어서면 긴장한 나머지 한마디도 못 할 정도였어요. 틱 증상도 있었고 말을 더듬기도 했죠. 체력은 또 얼마나 부실한지 몰라요. 늘 감기를 달고 살고 조금만 에너지를 쓰면 녹초가 되고 말지요. 요즘도 기력이 떨어지는데 일이 바빠서라기보다는 체력이 약한 게 원인 같아요.

그에 반해 키는 176센티미터에 육박하고 덩치도 큰 편입니다. 언젠가 TV 프로그램에 출연해서 저의 우상이자 전설적인 프로레슬링 선수인 안토니오 이노키와 프로레슬링 시합을 한 적도 있을 정도입니다.

그래서일까요? 사람들은 제 겉모습만 보고 호탕하고 거침없는 상남자 같은 이미지를 떠올리더군요. 실은 누구보다 소심하고 예민한 성격인데 말이에요. 남들 앞에서 말이라도 할라치면 심하게 긴장해서 온몸을 덜덜 떨 정도입니다.

이처럼 다른 사람에 비해 고민거리도, 단점도 많은 제가 왜 상담가라는 직업을 택했을까요? 10대 중반에 죽을 만큼 처절하게 고민했고 고민 끝에 엄청난 변화를 경험했기 때문입니다. 그 경험 덕분에 거짓말처럼 마음이 편안하고 자유로워졌거든요. 그래서 우선 제 경험을 이야기하는 것부터 시작하려 합니다.

올라갈 때가 있으면
내려갈 때도 있다

중학교 3학년 봄, 후쿠오카에 살던 저는 소위 말하는 우등생이었습니다. 성적이 우수해서 중학교에서 연속으로 전교 1등 기록을 갈아치울 정도로 최고의 전성기를 누렸지요. 오래전 일이라 자세히 기억나진 않지만, 후쿠오카현 전체를 통틀어 5등을 한 적도 있답니다.

그때는 열성적인 프로 레슬링 팬이었습니다. 사는 곳 근처에서 프로레슬링 경기, 특히 안토니오 이노키의 경기라도 있는 날에는 어찌나 흥분했는지 몰라요. 후쿠오카현 근처에서 경기가 열리면 학교 수업을 땡땡이치는 한이 있더라도 지하철로 몇 시간을 달려가서 응원하곤 했지요. 그뿐만 아니라, 당시 최고의 인

마음이 소모되기 전에 생각할 것들

기를 구가하던 원조 아이돌 그룹의 팬클럽을 자청하며 후쿠오카에서 콘서트나 사인회가 있으면 감기로 열이 39도까지 올라도 뛰쳐나갈 정도였어요.

한 마디로 당시의 저는 전형적인 '공부도 잘하고 놀기도 잘하는 아이'였습니다. 공부를 열심히 하면서 청춘도 만끽했다고 생각하거든요. 장난기 많은 성격 덕에 친구도 많았습니다(추천을 받아 학생회장에 출마했을 때는 과하게 웃기는 바람에 낙선하고 말았습니다만).

제가 사춘기를 보낸 1970년대 후반에는 TV 드라마 〈3학년 B반 긴파치 선생*〉 시리즈가 한창 방영되던 시절이었어요. 학교 폭력이 한창 사회문제로 부각되던 와중이었고, 얼마 후엔 자식이 부모를 쇠 방망이로 때려죽이는 사건까지 터졌더랬죠.

게다가 입시경쟁도 뜨겁게 달아오르던 시기였음을 감안하면, 공부도 곧잘 하면서 젊음도 맘껏 불태우던 저는 참 운 좋은 녀석이었던 셈입니다. 중학교 3학년 봄, 저는 단연코 인생의 승자였습니다. 스스로도 그렇게 느낄 정도였지요.

또한, 선진국을 따라잡기 위해 앞만 보고 달리던 고도 성장기이기도 했습니다. 이때부터 서민들도 차츰 생활의 풍요로움을 실감하기 시작하지요. 이전까지는 욕망을 억제하며 성실하게

---

* 1979년부터 2011년까지 32년간 총 8시리즈까지 방송한 일본의 국민적인 학원 드라마.

노력하는 삶이 인정받았다면, 이제는 자신을 당당히 표현하고 쾌락을 추구하는 삶이 부상합니다. 이른바 '즐거우면 그만'이라는 의식이 유행처럼 번지기 시작했지요.

반에서 인기인이 되는 조건도 달라졌습니다. 운동 잘하는 사람, 리더십 있는 사람, 공부 잘하는 사람에서 재미있는 사람, 남을 잘 웃기는 사람으로 바뀌었습니다. 나서기 좋아하고 주목받기를 즐기는 제가 이런 변화를 놓칠 리 만무했죠. 초등학교 저학년 때 앓았던 선택적 함구증 때문에 꿀 먹은 벙어리마냥 눈치만 보던 시절도 있었지만, 원래는 남 웃기기를 좋아했어요(지금도 좋아합니다). 하지만 그 병도 네 컷 만화대회에 출품했던 만화가 인기를 얻자 언제 그랬냐는 듯 저절로 치유되더군요.

그렇게 저는 이전보다 더욱 사람들을 웃기고 인기를 얻는 쾌감에 취해 있었어요. 학생회장에 출마해서 연설할 때도 느닷없이 "레이디스 앤 젠틀맨~!" 같은 말을 떠들어서 좌중을 웃음바다로 만들었죠(지금 생각해도 과하게 오버했어요). 이런 제게도 진중한 면이 있음을 꿈에도 몰랐던 선후배들에게 외면받는 바람에 선거는 보기 좋게 떨어졌지만요.

그렇게 제 인생관은 주변의 쾌락주의에 휩쓸려 '내 인생은 내 거니까. 남에게 폐만 끼치지 않으면 어떻게 살든 내 마음이다', '인생은 결국 즐기는 자가 승자'라는 향락주의에 자신도 모르게

마음이 소모되기 전에 생각할 것들

빠져들었습니다. 이런 가치관에서 보자면, 성적은 줄곧 1등에다 남을 잘 웃기고 친구도 많았던 저는 확실히 인생의 승자였던 셈이죠.

'뭐야, 엄청나게 잘나가는 중학생이었잖아. 이런 자랑이나 듣자고 한가하게 책을 펼친 게 아닌데.'

혹시 이렇게 생각하며 책을 덮으려는 분이 있다면 조금만 기다려 주세요. 아직 끝이 아니니까요. 순탄했던 삶은 단숨에 나락으로 떨어지기 시작합니다.

만족스러운 삶의 순간은 사실 짧다

말씀드렸다시피, 열다섯 살까지 제 청춘은 탄탄대로 그 자체였습니다. 지나칠 정도로 축복을 받았다고 해도 과언이 아니었지요. 그런데 어느 날, 순탄하기만 하던 청춘에 갑자기 균열이 생기기 시작합니다. 정확히 말하면 순탄해도 너무 순탄했던 청춘 속에 정신적 위기의 씨앗이 잠재돼 있던 거예요.

언젠가, 인본주의 심리학자 에이브러햄 매슬로(Abraham Harold Maslow)가 주장한 '욕구 단계설(35쪽 도표 참조)'을 들어본 적이 있을 겁니다. 이 이론에 따르면, 인간이 가진 기본적 욕구는 다섯 단계로 나뉩니다.

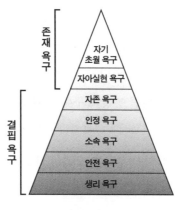

매슬로의 욕구 단계설

1. **생리 욕구:** 수면, 식사, 배설 등 생존에 가장 기본이 되는
   욕구
2. **안전 욕구:** 타인에게 위협받지 않고 안전하게 살고 싶은
   욕구
3. **소속 욕구:** 어떤 집단에 속하고 싶은 욕구
4. **인정 욕구:** 타인에게 인정받고 싶은 욕구
5. **자존 욕구:** 스스로 자기 가치를 인정하고 싶은 욕구

'결핍 욕구'라고도 하는 기본적 욕구들은 단계마다 욕구가 충
족되어야 다음 단계의 욕구로 나아갑니다. 그런데 인간에게는
'존재 욕구'라고 해서, 진정한 자아를 실현하고자 하는 자아실현

욕구와 자신을 넘어서 진리의 세계에 다가가고자 하는 자기초월 욕구도 있습니다. 매슬로는 결핍 욕구를 모두 충족한 이후에야 존재 욕구에 다가갈 수 있다고 주장했지요.

보통 중학생 정도 되면 인정 욕구에서 기껏해야 자존 욕구 수준에 머물러 있습니다. 부모님, 선생님, 친구들에게 인정받고 칭찬받고 싶어서 열심히 공부하는 모습이 대표적이죠. 하지만 대다수가 그렇게 생각하니 모두가 욕구를 충족하기는 불가능해요. 원래 성적이란 상대평가잖아요. 아무리 열심히 공부한들 학교에서 상위권은 소수에 불과하니 나머지 수십, 수백 명은 인정받고 싶어도 인정받지 못하는 좌절감을 겪게 되지요.

결국 중학생들은 주변 사람들에게 인정받고 관심받기를 원하지만, 대개는 인정 욕구가 충족되지 않아 욕구불만 상태가 됩니다. 설령 성적이 좋아 어른들에게 인정받는 아이라도 친구들 사이에서 '재미없는 공부벌레'라며 따돌림을 받을지도 모르죠.

공부를 잘해서 어른들에게 인정받고 친구들에게 인기 많으면 끝인가 하면 그것도 아니에요. 사춘기 특유의 고민 탓에 좌절하기도 하거든요. 아무것도 아닌 걸로 열등감에 빠지는 경우가 있어요. 이는 자존 욕구가 충족되지 않은 탓이에요.

만사가 순조롭기만 하던 저는 수많은 중학생이 고민하는 욕구불만 상태를 가뿐히 넘어선 상태였어요. 성적은 늘 상위권이니 부모님과 선생님에게 인정을 받은 건 당연지사였고. 친구도 많아 따돌림당할 일도 없고 인기도 많아 하루하루 즐겁기만 한 생활이었습니다.

앞에서 말한 매슬로 이론으로 보자면, 결핍 욕구에 해당하는 다섯 가지 기본 욕구를 모두 충족한 셈이었습니다.

결핍이 채워지는 순간
일어난 일들

그때까진 미처 몰랐습니다. 남부러울 것 하나 없는 탄탄대로 인생이 실은 엄청난 함정이었다는 것을! 열다섯 살에 기본적 욕구를 모조리 충족했더니 더 이상 나아갈 길이 보이지 않았어요. '인생에서 얻을 수 있는 행복이란 여기까지구나'라는 생각이 들더군요.

전교 1등이라는 성적표를 볼 때마다 남을 제치고 정상에 올랐다는 쾌감에 잔뜩 취했습니다. 지금 생각해 보면 꼴불견도 그런 꼴불견이 없는데 주변에서는 '공부도 잘하고 놀기도 잘하고 친구도 많다'라며 한껏 추켜세웠지요. 현대 사회의 경쟁 시스템에서 승자가 된 저는 남에게 인정받는 기쁨에 취해 뼛속까지 이기주의자가 되고 만 거예요.

인간이란 존재는 자기 욕구가 충족되면 그 이상을 추구하기 마련입니다. 하지만 고작 열다섯 살에 기본적 욕구 대부분을 충족한 저는 어렴풋이 깨달았어요. 앞으로 인생에서 더 이상 얻을 게 없겠다고요.

'이대로 열심히 공부하면 도쿄대에 들어갈 것이다. 졸업하면 대기업에 취직하겠지. 회사원이 될지 의사가 될지 변호사가 될지는 모르지만 어쨌든 사회적 지위가 높은 사람이 될 거야. 학벌이 좋으면 여자들에게 인기가 생길지도 몰라. 노력해서 인정받을 때마다 역시 내가 최고라는 생각에 뿌듯해질 테지.'

솔직히 이런 상상을 자주 했습니다. 그런데 어느 날 이런 상상을 하다 문득 이런 생각이 같이 들더군요.

'이대로 가면 내가 원하는 것을 얻게 되겠지. 좋은 대학, 사회적 지위, 경쟁에서 승승장구하면서 원하는 것을 모두 얻는 인생……. 하지만 원하는 것을 모두 얻을 수 있다고 한들 그게 무슨 소용이 있을까? 평생 그런 일을 반복하다 죽는 게 인생이라면, 그렇게 사는 게 무슨 의미가 있을까?'

인생을 살면서
허무감을 느껴 본 적이 없다면
그 사람은 인생을 헛되이 보낸 것이다.

《돈 키호테 저자》, 미겔 데 세르반테스

이기적일수록
승자가 되는 모순

이런 생각은 꼬리에 꼬리를 물고 이어졌습니다. 한번은 이런 일도 있었습니다. 당시 우리 반에는 A라는 불량 학생이 있었는데, 만화책을 학교에 가져왔다가 크게 혼나고 압수당했습니다. 하지만 제가 만화책을 학교에 가지고 왔을 때는 달랐습니다. 선생님은 그저 부드럽게 웃으며 핀잔을 줬을 뿐입니다. 저는 약삭빠르게도 이렇게 생각했습니다.

'왜 이런 차이가 생기는 걸까? 아마도 선생님은 내가 우등생이라 그냥 넘어가 주신 걸 테지.'

A를 남을 의식하지 않고 당장 눈앞의 즐거움만 따르는 순간적 쾌락주의자나 어중간한 이기주의자라고 가정해 봅시다. 그

렇다면 저는 어떤 사람이었던 걸까요? 오히려 장기적 미래까지 생각해서 치밀하게 움직이는 계획적 쾌락주의자이자 철저한 이기주의자가 아닐까요?

둘 다 쾌락주의자이자 이기주의자라는 점에서 본질적인 차이가 없습니다. 하지만 철두철미하다는 점에서 보면 A보다 제가 더욱 강한 이기주의에 물들어 있음은 분명했습니다. 어쩌면 자신을 강자로 여기고 자기 힘에 도취되어 있는 저야말로 훨씬 나쁜 이기주의자가 아닌가 하는 생각이 들었습니다.

같은 행동을 해도 더 심한 처벌을 받은 A와, 그보다 지독한 인간이면서 오히려 공부도 잘하는 학생이 놀기도 잘한다며 칭찬까지 들었던 저를 비교해 보며 '이건 모순이다! 이 세상이 돌아가는 방식은 근본부터 잘못되어 있다!' 하는 생각이 들었습니다.

이 의문을 시작으로, 갑자기 세상의 모든 것이 저를 고통스럽게 옥죄어 오기 시작했습니다. 이기적인 동기를 가지고 영악하게 살수록 승자가 되는 세상, 오만한 나르시시즘 충동을 채울수록 어른들에게 인정받고 칭찬받는 세상, 이기적일수록 사회에서 지위와 명예를 얻는 이 세상이 거대한 부조리 그 자체로 다가온 거예요.

답이 없는 물음을
반복할 때

당시 다니던 학원 선생님이 추천해 준 책이 한 권 있었습니다. 다자이 오사무의 《인간 실격》이었는데 그 책을 읽고 나니까 부조리한 세상에 대한 의문과 혐오가 더욱 강렬해지더군요. 그 당시 제가 했던 생각은 '나는 그저 편해지고 싶고 안정되고 싶고 명성을 얻고 싶고 돈을 벌고 싶어서, 말하자면 안락한 생활을 위해 공부를 할 뿐이다. 좋은 학벌이야말로 잘사는 지름길이라고 모두가 말하지 않는가?'였습니다.

이처럼 공부하는 동기가 극도로 이기적인데도, 사람들이 공부를 잘하는 게 대단히 위대한 일인 양 추켜세우는 것이 이상하게 느껴지기 시작했습니다. 아무래도 세상이 근본적으로 잘못

된 것만 같았지요. 만약 이 세상에 진정한 삶의 방식이 존재한다면, 안락한 생활 따위는 상관없으니 그런 삶을 살아보고 싶었습니다. 그런 삶에 대한 욕구가 정신을 강하게 끌어당기는 느낌이 들었습니다.

그런데 막상 그런 삶에 대해 고민하면 고민할수록 외롭고 지쳐가곤 했습니다. 정신적 에너지를 소모하는 데 반해 납득할 만한 대답은 얻지 못하니 갈수록 초조해지고 괴로워졌던 것이지요. 진정한 삶을 찾기란 너무나 고독한 작업인지라, 어떤 때는 이렇게 보내는 시간이 쓸모없이 느껴졌습니다. 할 수만 있다면 모든 것을 그만두고만 싶었어요. 마음이 다 소모되어 버렸던 것입니다.

일단 진정한 삶을 진지하게 고민하고 있노라면 거대한 생각의 소용돌이에 빠지고 맙니다. 생각하면 생각할수록 이 고민에 속수무책으로 빨려 들어간 나머지, 이것을 고민하는 일 외에는 어떤 일도 손에 잡히지 않을 지경이었어요. 이 물음에 대한 답을 찾는 것 말고는 다른 모든 일이 무의미해 보였지요. 급기야 스스로를 아무짝에도 쓸모없는 인간이 되고야 말았다고 생각했습니다. 마음이 꼼짝없이 붙들려 있으니 학생으로서 본업은 고사하고 일상생활도 제대로 해낼 리 만무했습니다. 뻔한 이치지요.

일상을 포기하다시피 한 채 머리에 쥐가 날 만큼 고민을 거듭

한들 만족할 만한 답은 얻을 수 없다는 걸 깨달은 저는 점점 벼랑 끝에 내몰리는 기분에 죽을 만큼 고통스럽고 막막해졌습니다. 이런 심정을 하나님께 외치기도 했죠.

'하나님, 이제 죽어도 좋으니 제발 이 물음에서 벗어나게 해 주세요. 전 이미 몸도 마음도 만신창이입니다. 더 이상 살아 있다는 느낌도 들지 않습니다. 사는 게 그저 고통에 불과합니다. 그러니 제발 이 물음에서 벗어나게 해 주세요.'

아무리 호소해도 하나님은 침묵으로 일관할 뿐이었습다. 나를 이 물음에서 벗어나게 해 주기는커녕, 오히려 절대적인 무언가가 나를 가만히 지켜보고 있다는 생각만 들었습니다. 그 무렵, 다자이 오사무의 《비용의 아내》를 읽다가 다음 장면에서 심장이 덜컥 내려앉았습니다.

"전 말입니다, 거들먹거리는 것 같지만 실은 죽고 싶어서 견딜 수가 없습니다. 태어났을 때부터 죽음만 생각했어요. 모두를 위해서도 죽는 편이 낫습니다. 진심이에요. 그런데 죽을 수가 없어요. 이상한, 무서운 신 같은 존재가 내가 죽기를 말리고 있어요."

"해야 할 일이 있으시니."

"일 같은 건 아무래도 상관없습니다. 걸작이고 졸작이고 그런 건 없어요. 사람들이 좋다고 하면 좋고 나쁘다고 하면 나쁜 겁니다. 들숨과 날숨 같은 거예요. 무서운 건 말이죠, 이 세상 어딘가에 신이 있다는 사실입니다. ……있겠지요?"

"네?"

"있겠지요?"

"전 잘 모르겠어요."

"그렇군요."

저는 그동안 "있겠지요?"라는 질문을 스스로에게 던져왔던 겁니다. 묻고 또 물어 어느새 그 질문의 굴레에 갇혀버리고 만 거예요. 그런 와중에 무서운 신 같은 존재가 항상 저를 바라보는 듯했고 저는 '진정한 삶의 방식이 무엇인가'라는 관념적인 질문을 스스로에게 던지는 것밖에는 아무것도 할 수 없었습니다.

막다른 길에서
인생에게 물을 것들

왜 인생의 의미에 의문을 품으며 입시 공부를 하는 스스로가 지독히 이기적이라고 자책했을까요? 거듭 말하지만, 매슬로의 기본적 욕구를 모두 충족했기 때문입니다. 그 결과 어떤 욕구에도 얽매이지 않고 자신의 이기적 욕구를 객관적으로 바라보게 된 거죠. 누군가 자기 욕구를 객관적으로 보지 못한다면, 아직 그 욕구가 충족되지 않았기 때문이에요. 여전히 그 욕구에 사로잡혀 있으니 객관적으로 바라볼 수가 없죠.

반면 저는 기본적 욕구가 대부분 충족되었기에 어떤 욕구에도 사로잡히지 않고 상대적으로 바라볼 수 있었어요. 고작 중학생에게 '욕구의 상대화'가 가능한 일이냐고 반문할지 모르겠지만,

내면적 작용은 나이와 무관한 법입니다. 핵심은 나이가 아니라 욕구에 사로잡혀 있는가 아닌가 하는 점이죠.

기본적 욕구(결핍 욕구)가 충족되어 거기서 자유로워진 사람은 어디로 향할까요? 기본적 욕구보다 상위에 존재하는 욕구, 즉 자아 실현이나 자기 초월이라는 고차원적 욕구에 눈뜨게 됩니다. 저 또한 예외가 아니었어요. '나는 무엇을 위해 태어났는가', '앞으로 어떻게 살아야 하는가?'라는 실존적 물음이 저를 강하게 사로잡았습니다. '내 안의 이기주의를 어떻게 할 것인가'라는 고민에 사로잡혀 있던 저에게 이런 물음은 '이기주의를 초월하는 진정한 삶의 방식은 무엇인가?'로 귀결되었지요.

이는 저에게 목숨처럼 중요한 화두가 되었습니다. '이 물음에 대한 답을 찾지 못한다면 나는 살아도 죽은 존재가 될 것이다. 어떤 직업을 갖든 허울뿐인 인생을 살게 될 것이다'라고 생각할 정도였지요. 저는 아침부터 밤까지 오로지 이 물음을 스스로에게 던지고 또 던졌습니다. 그렇게 점점 거대한 고민의 소용돌이 속으로 빨려 들어갔지요.

인생은 질문이고
어떻게 살 것인가가 답이다.

켈러 윌리엄스 리얼티 CEO, 게리 켈러

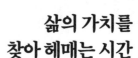

삶의 가치를
찾아 헤매는 시간

죽도록 고민해도 답은 찾을 수 없었습니다. "무엇을 위해 태어났는가", "어떻게 살아야 하는가"라는 물음에 나름대로 답을 내놓아도 내면 깊은 곳에서 '그 대답 또한 네 이기심을 채우기 위할 뿐이잖아!'라는 일갈에 여지없이 무너지고 말았죠. 제 내면은 나름대로 답을 내고 만족하는 저에게 적당히 대답을 내놓고 스스로 안심하려 든다고 일갈했습니다. '이 정도면 괜찮겠지'라면서 정신적 만족만을 채웠다고 말했지요. 이것 또한 저의 이기주의를 채울 뿐이라고 말했습니다.

대답은 번번이 퇴짜를 맞았고, 갈수록 깊은 수렁에 빠지고 말았습니다. 이런 상태는 고등학생을 지나 대학생이 되어도 지속

되었고 시간은 속절없이 흘러갔지요. 머리뿐만 아니라 몸 전체가 이 물음에 갇힌 채로 무려 7년이라는 세월을 보냈습니다. 무엇보다 가혹한 사실은, 이 물음이 불시에 삶을 습격했다는 겁니다. 식사 중에도, 친구나 연인과 대화 중에도, 심지어 시험 중에도……. 그야말로 때와 장소를 가리지 않았지요. 시험을 보다가도 이 물음에 사로잡히면 꼼짝없이 붙들려 답안지 뒷면에 생각을 적어 내려갈 따름이었습니다. 시험 따위는 안중에도 없었죠.

살아 있다는 실감이 나지 않았습니다. 세상과 나 사이에 투명하고 두꺼운 벽이 있어서 각기 다른 세상에 존재하는 느낌이랄까요? 계절의 변화도 느끼지 못했습니다. 사람들과 대화를 나눠도 '내가 지금 이 사람과 대화를 나눈다'라는 실감이 들지 않았습니다. 마치 TV 속 장면을 보는 것처럼요. 세상의 시간은 바쁘게 움직이는데 제 시간만 멈춰 있는 듯했어요. 정체된 시간 속에 저 혼자만 허우적대는 느낌이었지요.

'차라리 죽으면 이 고통에서 벗어날 수 있을 텐데…….' 그땐 오직 죽음만이 저를 구원해 줄 것 같았습니다. 그렇게 저는 '철학 신경증'이라 부를 만한 병에 시달리며 7년을 보냈습니다. 지금 돌이켜보면 인생의 의미를 찾는 병에 저당 잡힌 제 청춘은 암흑, 생지옥이나 마찬가지였습니다.

제2장

왜 쉽게
허무해지는 걸까?

프랭클이 알려주는 '행복의 역설 깨닫기'

허무함은
어느날 문득 찾아온다

현대사회를 살아가는 우리에게는 마음 어딘가에서 전해지는 감각, 그로 인해 고민하게 되는 어떤 감각이 있습니다. 마음 한 가운데에 구멍이 뻥 뚫린 것 같은 감각, 바로 허무함입니다.

볼거리와 즐길거리가 넘쳐나는 풍요로운 시대지만, 마음은 채워지지 않고 그저 헛돌기만 합니다. 열심히 살다가도 이따금 우리를 습격하는 텅 빈 느낌……. 지금까지 살아오면서 누구나 한 번은 이런 감정을 느꼈을 겁니다.

돈도 있고 친구도 있고 나름대로 인생을 즐기는데 문득 뭔가 부족하다는 생각이 듭니다. 그것이 무엇인지는 모르겠지만, 중요한 뭔가가 빠진 것 같습니다. 알맹이가 없는, 속이 텅 빈 인생을 사는 느낌이 듭니다. 그럴수록 마음 한구석이 허무해서 견딜 수가 없습니다. 많은 현대인이 이처럼 정신적으로 방황하며 마음 구멍을 채우는 데 급급합니다. 이미 식사를 끝내고 배가 잔뜩 부른 상태에서 뭔가를 계속 집어먹을 때가 있지요. 이럴 때 우리는 "입이 허전하다"라고 말합니다. 현대인이 느끼는 허무함은 이 감각과 비슷합니다.

집중할 일이 있고 친한 사람이 있고 매일 바쁘게 살아갑니다. 나름대로 잘살고 있는데 뭔가 부족하다고 느끼죠. 사는 게 허무하고 덧없이 느껴집니다. 그래서 소모된 마음을 채워 줄 뭔가를 찾습니다.

마음이 소모되기 전에 생각할 것들

우리가 중독에
빠지는 이유

사람들은 허무함이 불현듯 엄습하면 '누구나 살다 보면 그럴 때가 있기 마련이다'라며 별것 아닌 감정으로 치부하거나, '하루하루 바쁘게 살다 보면 그런 감정은 사라질 거야'라며 평소보다 바쁘게 생활합니다. 그렇게 하면 마음속 허무함을 털어 낼 수 있을 거라 여기면서요.

하지만 우리는 허무한 마음과 마주하는 일에 서툽니다. 그래서 어떻게든 마음속 텅 빈 구멍을 메우기 위한 무언가를 필사적으로 찾는 거지요. 그 결과 수많은 사람이 'ㅇㅇ중독'에 빠집니다. 쇼핑 중독, 도박 중독, 연애 중독, 자녀교육 중독 등등. 그중 가장 흔한 중독이라고 하면 단연 알코올 중독이 아닐까 싶네요.

만일 당신이 2~3일에 한 번꼴로 술을 마신다면, 이미 가벼운 알코올 중독일 가능성이 높습니다.

더불어 알코올 중독만큼 많은 사람이 걸리는 것이 일 중독입니다. 가끔 견디기 힘들 만큼 허무함이 엄습하지만, 자기 내면을 들여다보는 일은 엄두가 나지 않습니다. 그런다고 딱히 해결될 것 같지도 않으니까요. 그 결과 더욱 일에 매진하게 됩니다. 자기 삶이 가진 문제와 직면하면 왠지 무서운 일이 일어날 것 같으니 어떻게든 외면하고 바쁘게 지내려고 하는 겁니다. 그러려면 일에 매진하는 게 최선이라는 결론이 나오죠.

어떻게 보자면 일 중독이 알코올 중독보다 심각하다고 할 수 있어요. 생각해 보세요. 알코올 중독자가 알코올에 빠지면 "자기 통제를 못 한다"라며 비난을 받잖아요. 그런데 일 중독자가 일에 빠지면 어떤가요? "의욕적이다", "프로답다"라며 칭찬을 받아요. 자신이 일 중독이라도 문제의 심각성을 느끼기 어려운 이유가 여기에 있습니다.

이 글을 읽는 분 중에는 '나는 세상을 위해, 회사를 위해, 가족을 위해 열심히 일할 뿐이지 병적인 일 중독은 아니야'라고 생각하는 분도 있을지 모르겠습니다. 그렇다면 일단 하던 일을 멈추고 자기 내면을 가만히 들여다보세요. 열심히 살고 있지만 왠지 모르게 속이 허하다면 자신이 무엇을 위해 이토록 열심히 살고 있는지 되돌아볼 필요가 있습니다.

마음속에 뻥 뚫린 구멍, 즉 내면의 허무함을 감추는 가장 편리한 방법이 있습니다. 결핍 욕구를 만족시키기 위해 뭔가에 쫓기듯 바쁘게 사는 거죠. 앞에서 언급한 '○○중독'이 전형적이며, 이 외에도 여러 가지가 있습니다.

견디기 힘든 허무함이 밀려와도 정면으로 마주하기 두려운 사람들은 끊임없이 강한 자극을 추구하고 도파민을 충족하면서 자기 감각을 마비시키고자 합니다. 쉴 새 없이 뭔가를 쫓는 와중에는 허무함을 느끼지 못하니까요. 현대인이 '○○중독'에 쉽게 빠지는 이유입니다.

허무함에 지는
사람의 특징

우리는 왜 내면의 허무함을 애써 외면하려 할까요? 내면의 허무함을 인정하면, 더 깊은 의식의 심연과 직면해야 하기 때문입니다.

살다 보면 때때로 자신도 어쩌지 못하는 허무함에 사로잡힐 때가 있습니다. 바라보지 않으려 해도 바라볼 수밖에 없는, 그런 감각에 갇혀 자기도 모르게 끝없는 수렁에 빠지게 되지요.

이러한 끝 모를 마음의 허무함을 빅터 프랭클은 실존적 공허(existential vacuum)라고 불렀습니다. 일단 실존적 차원에서 극한의 허무함을 맛보고 나면 공허함의 늪에 빨려 들어가고 맙니다. 처음에는 어딘가 부족하다, 허전하다 정도였는데 이제는 사는 게

다 덧없이 느껴집니다. 급기야 '나는 왜 태어났을까', '나는 왜 살아가는가'라는 식으로 인생의 의미 자체를 의심하는 단계에 이르지요.

이쯤 되면 더 이상 돌이킬 수 없습니다. 누군가는 될 대로 되라는 심정으로 자포자기하면서 방탕하게 살아갑니다. 마치 '인생에 의미 따위는 없다', '인생은 다 부질없다'라는 것을 증명하기라도 하듯이 말이에요.

또 누군가는 자신이 불행하다고 생각하고, 행복해 보이는 사람을 증오하기도 합니다. 날마다 활기차게 살아가는 사람을 위선자라고 손가락질하며 엉뚱한 원한을 품습니다. 이런 사람은 마치 세상에 복수하기 위해 살아가는 듯 보입니다.

여러분은 '가끔 삶이 허무해지기도 하지만 난 그 정도는 아니야'라고 생각할지도 모르겠네요. 하지만 명심하세요. 허무함이라는 감각에 한번 눈을 뜨면 누구라도 예외 없이 깊은 블랙홀에 빨려 들어가게 됩니다.

그래서 수많은 사람이 알코올이나 일처럼 무엇에 중독되거나 게임, 영상 등 끝없이 자극적인 무언가를 추구하는 거예요. 그들은 본능적으로 알기 때문이죠. 내 마음속 허무함을 직시하면 깊이를 가늠하지 못하는 수렁에 빠져 이전으로는 돌아갈 수 없다는 것을요.

그래서 어떻게든 이런저런 자극에 자신을 노출시키는 겁니다.
늘 뭔가에 쫓기고 휘둘리면서 내면의 허무함이 보이지 않도록
덮어 버리는 거죠.

상황이 좋지 않다고 해도
찰나이기에 영원하지 않을 것이고
점차 나아진다는 것만을 기억하라.

석가모니

철학적 사고는
위험하다?

왜 현대사회에서는 많은 사람이 공허함을 느낄까요? 제가 중학교 3학년 때부터 대학교 시절까지 '삶의 의미를 찾는 병'에 사로잡혀 자살 직전까지 내몰린 이유는 무엇일까요? 물론 개인적 자질과도 관련이 있고, 제가 그런 고민에 빠졌을 당시 철학적 사고에 빠져 냉소주의와 염세주의 성향을 가졌던 것이 상당한 영향을 끼쳤다고 생각해요. 일본의 심리학자 무라모토 쇼지는 철학적 고민에 대해 다음처럼 말한 바 있습니다.

철학적 고민에 빠져들수록 모든 것의 근거에 의문을 품게 된다. 하지만 근거를 아무리 탐색해도 인간이 가진 분별력으로

는 근거를 파악할 수 없음이 드러날 뿐이다. 동시에 자신의
존재도 타인의 존재도 불가해하게 느껴진다.

철학은 종교와 달리 어떤 구원도 약속하지 않는다. 오직 사
유하고 또 사유하는 것만을 요구한다. 따라서 강인한 지성
의 소유자가 아니라면 노이로제에 걸려도 하등 이상한 일이
아니다. 실제로 정도의 차이는 있을지언정, 철학을 공부하다
정신과 의사나 심리학자를 찾는 사람이 적지 않다.

무라모토 쇼지, 《융과 괴테》

"인생은 무엇을 위해 존재하는가", "나는 무엇을 위해 태어났
는가"라는 질문에 우리는 명확하고 합리적인 이유를 대기 어렵
습니다. 질문 자체가 논리를 넘어선 질문이니까요. 논리적으로
답을 찾을수록 막막해질 따름입니다. 그러다 보면 결국 인생이
란 부질없고 의미 없는 건 아닐까 하는 의구심이 드는 것이죠.

철학적 고민의 폐해는 이뿐만이 아니에요. 철저히 파고들수록
우리의 인격과 일상을 붕괴시킬 위험마저 있으니까요. 근대 철
학의 아버지라 불리는 르네 데카르트(René Descartes)는 일찌감치
이 사실을 간파했는데요. 데카르트는 그때까지 당연시 여기는
모든 것을 철저히 의심하는 '방법적 회의(methodical doubt)'를 주
장했어요. 그러면서 자신이 내세운 철학적 방법론 때문에 자기

삶이 위기에 빠질지도 모른다는 것을 우려했지요.

데카르트는 철학적 사유를 '집의 재건축'에 비유한 적이 있습니다. 집을 허물고 다시 지으려면 일상을 이어갈 임시 거처가 필요하잖아요. 마찬가지로 철학적 회의론을 수행할 때 일상을 이어갈 임시 거처가 필요하다고 생각한 거예요. 여기서 데카르트가 말하는 임시 거처란 '상식'을 의미합니다.

데카르트는 철학적 의심을 끝까지 밀어붙이면 광기 어린 염세주의에 빠지거나 평범한 일상을 박탈당할지도 모른다는 것을 알고 있었습니다. 최악의 경우, 비극적인 결말을 맞이할지도 모른다는 것도요. 그렇게 되지 않으려면 평소보다 상식과 중용을 잘 지키면서 일상의 세계에 자신을 단단히 묶어 둘 필요가 있다고 생각했지요. 과연 근대 철학의 창시자답게 대단한 혜안이 아닐 수 없네요. 뛰어난 철학자는 철학의 순기능은 물론, 그 역기능까지 제대로 간파한 셈입니다.

모든 것을 의심하는 철학적 사고의 위험성을 간파한 사람은 데카르트뿐만이 아니었어요. 방법적 회의를 계승하여 현상학을 창시한 독일의 철학자 에드문트 후설(Edmund Husserl)도 그 위험을 인지했지요. 그는 현상학을 철저하게 파고들수록 인격이 완전히 변하며 자연스러운 생활 태도가 무너질 수 있음을 지적했지요.

현상학을 이어받아 연구 대상을 일상생활로 확대한 '현상학적 사회학(phenomenological sociology)'의 창시자 알프레드 슈츠(Alfred Schutz)는 더욱 철두철미한 모습을 보였습니다. 그는 밤에는 철학자 신분으로 연구에 몰두하고 낮에는 은행원 신분으로 일터에 나갔다고 합니다. 철학에 빠져 일상을 도외시하지 않도록 일종의 안전장치를 마련해 둔 셈이죠.

여러 철학자의 사례만 봐도 철학적 고민이 사람을 광기로, 또는 일상의 파괴로 이끌 위험성은 다분해 보입니다. 게다가 철학적 사고의 방향이 '인생의 의미'로 향한다면 모든 것이 허무하고 공허하게 느껴지는 건 어쩌면 지극히 자연스러운 일일지도 모르겠습니다.

'중년의 위기'가
오는 이유

강렬한 공허함에 휩싸여 인생의 의미를 의심하는 것은 비단 청년들만의 일이 아닙니다. 오히려 철학적으로 삶의 의미를 의심하기 시작하는 청소년은 극히 일부에 불과해요. 대체로 사람들이 공허함을 느끼고 삶의 의미를 의심하기 시작하는 것은 인생의 전환점을 맞이하는 세 시기입니다.

감수성이 예민한 사람이라면 일생에서 다음의 세 번째 시기마다 인생의 의미를 진지하게 고민하게 될 겁니다.

첫 번째, 사춘기부터 청년기 사이

두 번째, 중년의 위기

세 번째, 죽음을 앞둔 시기

이 세 시기에 인간은 공허감에 빠져 인생의 의미를 묻게 되는 일이 많은 듯합니다.

그렇다면 프랭클의 열렬한 독자층은 어느 연령대일까요? 평균적으로 30대 후반부터 60대까지라고 봅니다. 특히 '중년의 위기'에 처한 사람이 많아요. 중년의 위기를 지적한 인물은 스위스 심리학자 칼 구스타프 융(Carl Gustav Jung)입니다. 실제로 융에게 상담을 받은 사람들은 사회적으로 성공하고 경제적으로 부유한 중년층이 대부분이었다고 하네요.

오늘날에도 많은 나라에서 비슷한 일들이 일어납니다. 제게 상담을 요청하거나 워크숍에 참여해 자기 삶을 돌아보는 사람들은 중년층이 압도적이에요. 언젠가 저를 찾아온 60대 초반 내담자는 이런 말을 하더군요.

"요즘은 시간이 쏜살같이 흘러가는 느낌이에요. 앞으로 저에게 20년이 될지 30년이 될지 모를 시간이 남았는데, 남은 인생을 어떻게 살아가야 할지 모르겠어요. 물론 이대로 살아가도 나쁜 건 아닙니다. 지금껏 일과 가정 모두 소홀함 없이 노력해 왔어요. 그렇게 생각하면 그럭저럭 잘 살아온 것 같기도 합니다.

하지만 마음 한구석은 뭔가 찜찜합니다. '이대로 정말 충분한

가? 나는 이대로 만족하고 죽을 수 있을까?'라고 생각하면 뭔가 빠진 것 같고, 그걸 채우지 않고는 마음 편히 생을 마감하지 못할 것 같아요. 그 뭔가를 찾고 싶고 그게 무엇인지 알고 싶어서 선생님을 찾아뵙게 되었습니다."

사실 '이대로도 그럭저럭 괜찮은 인생 같지만 뭔가 부족하다', '이대로는 인생을 편안하게 마무리하지 못할 것 같다'와 같은 말씀을 하는 분이 의외로 많습니다. 중장년층, 그중에서도 도전정신을 잃지 않은 중장년층이 입버릇처럼 하는 말입니다.

지금까지 그들의 삶을 돌이켜보면 사회적으로 제법 성공한 인생을 살아왔습니다. 높은 직책을 맡았고, 수입도 꽤 높고, 가정도 이만하면 화목한 편입니다. 아이들은 잘 성장해서 가정을 꾸렸고 손자도 태어났습니다. 이 정도면 일에서도 가정에서도 그럭저럭 성공한 인생으로 보입니다.

그런데 '그래, 뭐 이 정도면 행복한 인생이야', '더 이상 바라면 욕심이지. 특별한 재능이 있는 것도 아닌데 이만하면 만족하고 살아야지' 이렇게 되뇌어 봐도 뭔가 꺼림칙한 느낌을 지울 수 없습니다. 당신은 어떻게 생각하시나요? '한 번뿐인 인생인데 더 많은 일을 이룰 수 있지 않을까?', '어쩌면 마음속 깊은 충만함을 느낄 수 있을지도 몰라'와 같은 고민을 배부른 자의 투정으로 치부할 수 있을까요?

마음이 소모되기 전에 생각할 것들

우리는 언젠가 죽습니다. 예순이 넘어가면 삶이 언제까지나 이어지지 않는다는 사실을 좋든 싫든 받아들일 수밖에 없지요. 누구나 마음속으로 이렇게 바라지 않을까요? 죽을 때가 되면 아무 미련 없이 홀가분하게 눈 감고 싶다고 말이에요.

그런데도 왜 인생을 성실히 살아온 사람조차 예순을 넘기면 삶이 허무하다고 느낄까요? 답은 간단합니다. 그 사람이 '이 세상'의 일에만 관심을 가졌기 때문입니다. '살아서 죽을 때까지'의 일에만 관심을 가졌기 때문이에요. 이런 상태로는 이 문제에 답을 찾지 못합니다.

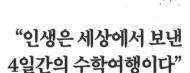

"인생은 세상에서 보낸
4일간의 수학여행이다"

저는 인생을 수학여행에 비유하여 다음처럼 말하곤 합니다.

"인생은 보이지 않는 세계에서 보이는 세계로 온 4일간의 수학여행입니다."

무슨 말인지 어리둥절하지요? 이 비유는 세상에 태어났을 때 우리가 보이지 않는 세계에서 보이는 세계로 내려온 거라는 가정하의 이야기입니다. 바로 인간이라는 형태를 가지고 말이지요. 이 세상에서 4일간의 수학여행이 막 시작된 셈이죠.

수학여행 첫날은 0세부터 20세까지예요. 낯선 여행지에서 시

마음이 소모되기 전에 생각할 것들

작하는 첫날이라 어디로 가야 할지 모르고 주변을 기웃거리는 상태지요. 첫날의 마무리는 20세까지로 이제부터 어른의 인생이 시작될 참입니다.

둘째 날은 20세에서 40세까지예요. 수학여행에서 가장 즐거운 시간이지요. 다양한 곳을 다니고, 여러 자극을 받고, 호기심을 충족시키며 친구들과 즐겁게 지냅니다. 인생에서 가장 활동적인 시기라고 할 수 있지요.

셋째 날은 40세에서 60세까지예요. 수학여행의 절정에 해당하는 날로 중요한 목적지에 도착하게 됩니다. 인생에서는 사회활동의 전성기로, 사회적 지위도 가장 높아지는 시기입니다.

그리고 드디어 넷째 날, 수학여행의 마지막 날을 맞이합니다. '이제 끝이구나'라며 현실을 받아들이고 아쉽지만 돌아갈 채비를 합니다. 인생으로 치면 딱 60세가 넷째 날 아침인 셈입니다. 죽음과 죽음 이후의 일에 자연스럽게 관심이 생기는 때지요. 앞으로 죽는다는 사실을 받아들이고 저승, 다시 말해 보이지 않는 세계로 돌아갈 준비를 합니다.

우리가 흔히 말하는 중년의 위기란 이 세상에서 열심히 활동하고 최선을 다하던 사람이 점차 늙음을 받아들이고 보이지 않는 세계로 돌아갈 준비를 하는 시기입니다. 그런데 돌아갈 준비가 제대로 하지 않으면 어떻게 될까요? 인생이 무가치하게 느껴지거나 큰 공허감에 휩싸이게 됩니다.

물론 살아 있는 동안에는 인생을 마음껏 즐기는 게 중요합니다. 죽은 후를 걱정하느라 하루하루를 노심초사하며 보낸다면 그야말로 주객전도 아니겠어요? 문제는 60세가 넘었는데도 늙음과 죽음을 받아들이지 못하고 이 세상에 속한 가치(출세, 돈, 명예 등)에 집착하는 경우입니다. 수학여행이 끝났는데도 돌아가기 싫다며 떼쓰는 아이와 다를 바 없지요.

60세가 넘으면 내가 어디서 왔고 이제 어디로 갈 것인가를 고민해야 합니다. 인간은 보이지 않는 세계에서 보이는 세계로 왔다가, 다시 보이지 않는 세계로 돌아가는 여행자와 같습니다. 수학여행의 4일이 순식간에 지나가 버리는 것처럼 이 세상에서의 삶도 눈 깜짝할 사이에 지나가 버리기 마련입니다.

그런데 이 세상을 떠나야 한다고 자각할수록, 자기 삶에 결정적인 뭔가가 빠졌다는 생각이 들어 초조해집니다. 그것이 없으면 자기 인생이 알맹이 없는 껍데기처럼 허무해질 것만 같습니다. 나는 무엇을 위해 이 세상에 태어났는지 고민하고, 이 세상에서 이뤄야 할 사명이나 목표가 있다면 그것을 실현했는지 끊임없이 의심하게 됩니다. 그러다 애초에 사명이나 목표가 무엇인지도 모른 채 살아온 것을 깨닫는데, 그러다 보면 삶이 곧 끝마치려 하고 있는 것입니다. 그러다 보면 이렇게 생각하게 되

마음이 소모되기 전에 생각할 것들

지요.

'내 인생은 뭔가 부족하다. 이대로 죽을 수는 없다.'

이런 의구심은 점점 눈덩이처럼 불어납니다. 스스로도 감당할수 없을 만큼 거대한 문제가 되어 자신을 옴짝달싹할 수 없게 옭아 맬 것입니다.

인생은 대담한 모험이 아니면

전혀 아무것도 아니다.

미국의 사회복지 사업가, 헬렌 켈러

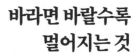

바라면 바랄수록
멀어지는 것

"행복해지고 싶다."

"자아를 실현해서 나를 빛내고 싶다."

현대인이라면 누구나 가진 소망입니다. 하지만 누구나 이루기는 어려운 소망이기도 하지요. 원하는 게 있으면 손쉽게 얻을 수 있는 현대 사회에서도 우리는 끊임없이 고민에 시달립니다. '이것이 정말 행복일까?' 하고요.

하고 싶은 일을 하는 게 제일이라고 생각해도, 막상 실행하려다 보면 '잠깐만, 내가 진정으로 하고 싶은 일이 뭐지?'라는 물음으로 되돌아옵니다. 내가 날린 부메랑이 표적을 놓친 채 다시 나에게 돌아오는 격이죠.

본래 '행복해지고 싶다', '자아실현을 하고 싶다'라는 욕망은 끝이 없습니다. 어느 정도 지위를 얻으면 더 높은 지위를 원합니다. 어느 정도 재산이 생기면 더 많은 재산을 원합니다. 어느 정도 명성을 얻으면 더 많은 명성을 원합니다. 우리는 이처럼 욕망을 채워도 만족을 모르는 존재입니다. 그러니 '행복해지고 싶다', '자아실현을 하고 싶다'라고 생각해서 노력한들 그 욕망이 채워지기 어렵지요. 뭘 해도 이대로는 부족하다는 결핍감을 느끼고 더 많은 욕망을 채우려 하니까요.

이래서는 욕망의 개미지옥에 빠진 꼴이에요. 욕망에 내몰린 인간은 제대로 주변이 보이지 않습니다. 끝없는 욕망의 포로가 되어 내면에 끝없는 결핍감을 끌어안고 욕구 불만 상태로 불행하게 살아갈 수밖에요.

예로부터 철학자들은 이를 '행복의 역설'이라고 부르며 경계해왔습니다. 불교를 비롯한 여러 종교에서도 끝없는 욕망의 굴레에 빠지면 진정한 마음의 평화를 얻지 못함을 깨닫고 그 굴레에서 벗어나는 길을 설파했지요.

흔히 행복이나 자아실현이라고 하면 마땅히 옳고 바람직한 일처럼 인식되곤 해요. 물론 행복하게 살면서 자아를 실현하는 것만큼 좋은 일은 없지요. 문제는 행복과 자아실현에 집착하는 태도입니다.

행복이나 자아실현을 인생의 목표로 세우지 마세요. 행복과 자아실현은 우리가 어떤 상태에 이르렀을 때, 자연스럽게 나타나는 결과니까요. 행복과 자아실현의 본질을 이해하지 못한 채 그것을 추구할수록, 욕구불만이라는 늪에 빠져 허우적거리게 될 뿐입니다.

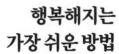

행복해지는
가장 쉬운 방법

행복과 자아실현을 얻고 싶다면 어떻게 해야 할까요? 한마디로 말하면, 행복과 자아실현에 대한 집착을 멈추면 됩니다. 역설적이게도 그것이 우리가 진정한 행복을 얻고 자아를 실현하는 첫걸음이랍니다.

첫 번째, 행복과 자아실현에 대한 집착 멈추기
두 번째, 기본적인 인생철학을 수정해서 인간 본연의 모습을
      되찾기
세 번째, 자신에게 주어진 의미와 사명을 성실히 수행하기

이 세 가지를 실천하다 보면 결과로써 자연스럽게 행복해지고 자아실현을 이룰 수 있습니다. 프랭클은 행복의 역설에 대해 다음과 같이 말했습니다.

"행복해지고 싶다고 행복을 추구할 필요는 없습니다. 행복해져야 할 이유가 있다면 걱정할 필요가 없습니다. 행복은 자연발생적인 결과물이기 때문입니다."

"행복을 의식할수록 행복해야 할 이유가 사라지고 행복은 저 멀리 달아납니다."

"행복을 얻고자 할수록 행복을 얻지 못할 것입니다."

그럼에도 우리는 왜 행복과 자아실현에 집착하는 걸까요? 프랭클에 따르면 우리가 인간 본연의 모습을 잃어버린 데 그 이유가 있습니다. 만약 우리가 본연의 모습을 되찾는다면 행복과 자아실현에 집착하지 않아도 저절로 행복과 자아실현을 이룰 수 있겠지요.

우리가 되찾아야 할 인간 본연의 모습은 무엇일까요? 우리는 자신의 인생철학을 어떻게 수정해야 할까요? 다음 장에서 자세히 설명하겠습니다.

제3장

왜 나부터
탓하는 걸까?

프랭클에게 배우는 '인생철학 바로잡기'

왜 나만의
인생철학이 필요할까?

지금까지 현대인의 마음은 왜 허무함에 사로잡히게 되었는지, 열심히 노력하는데도 왜 허무함을 느끼는지 알아보았습니다. 거듭 말하지만, 그것은 현대인이 행복의 역설이라는 함정에 빠져 있기 때문입니다. 행복 그 자체를 좇다 보면 어느새 허무해집니다. 인간의 욕구란 끝이 없어서 행복을 바랄수록 더 많은 행복을 바라지요. 그러다 보면 만성적인 욕구불만 상태에 빠지고 더욱 허무해질 수밖에요.

잊지 마세요. 행복이란 잡으려 할수록 달아나 버리는 속성이 있습니다. 행복해지고 싶다는 생각을 잊고 자신에게 주어진 일을 열심히 하다 보면 그 결과로써 자연스럽게 행복을 느끼게 됩니다. 반대로, 행복에 집착한 나머지 "내 배우자는 이 정도 수준은 넘어야 해!", "우리 아이는 유치원 때부터 값비싼 교육을 받게 할 거야!"라는 식으로 행복의 조건을 따지다 보면 오히려 불만만 쌓여가고 왠지 더 허무해지기만 하지요.

현대인은 왜 행복의 역설에 빠지고 만 걸까요? 저는 기본적인 인생철학이 왜곡되어 있기 때문이라고 생각합니다. 우리는 무의식 속에 '인생이란 이런 것이다'라는 철학을 가지고 있으며 그 철학에 따라 살아갑니다.

"저는 거창한 인생철학 따위 없어요. 어차피 죽으면 끝인 인생, 살아생전 최대한 즐겁게 살고 싶을 뿐이에요"라고 말하는 분이 있을지도 모르겠네요. 그런데 '즐겁게 살고 싶다'라는 생각 자체가 철학이에요. '인생이란 이렇게 살아야 한다'라는 생각이 고스란히 담긴 어엿한 철학입니다.

누구나 자기만의 철학을 가지고 살아갑니다. 철학이라는 말이 왠지 거창하게 다가온다면 생각이나 신념, 사고 습관이라고 바꿔서 이해해도 무방합니다. 인생에 대해 가지고 있는 나름의 생각이 바로 그 사람의 철학이라는 얘기지요. 여전히 어렵다는 분은 이 책을 좀 더 읽어 보시기 바랍니다. 읽다 보면, 여기서 말하는 철학이 결코 특별한 뜻이 아님을 아실 거예요.

다시 본론으로 돌아가서, 우리가 행복의 역설이라는 함정에

마음이 소모되기 전에 생각할 것들

빠지지 않고 진정한 행복을 얻기 위해서는 기본적인 인생철학을 수정할 필요가 있습니다. 진정한 행복을 얻을 수 있느냐 없느냐는 기본적인 인생철학에 달려 있다고 해도 과언이 아닙니다.

겉으로 보면 누구나 부러워할 만한 조건을 갖추고 있지만 정작 본인은 행복해 보이지 않는 사람이 있습니다. 반면, 별다른 것 없는 조건에서도 작은 행운을 소중히 여기며 늘 표정이 밝고 행복해 보이는 사람이 있지요. 이 차이는 어디서 오는 걸까요? 인생에서 일어나는 일들을 어떻게 받아들이는지에 따라 달라진다고 생각해요. 삶을 바라보는 태도, 즉 인생에 대한 철학이 진정한 행복의 척도인 셈이지요.

첫 단추를 잘못 끼운 채로 살아간다면, 인생에 대한 철학이 왜곡된 채로 살아간다면, 우리는 진정한 행복을 느낄 수 없어요. 아무리 시간이 흘러도, 아무리 노력해도, 아무리 큰 행운이 다가온다 해도 말이지요.

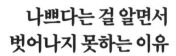

나쁘다는 걸 알면서 벗어나지 못하는 이유

제 상담은 미국의 심리학자 칼 로저스(Carl Rogers)가 개발한 방법을 기초로 하여 내담자의 마음속 소리를 차분히 경청하는 게 핵심인데, 생각해 보면 상담은 내담자들의 기본적인 인생철학을 올바르게 수정해 주는 작업인 것 같기도 합니다. 내담자 대다수는 자신을 불행하게 만드는 인생철학에 꼼짝없이 갇혀(설령 본인이 의도한 바가 아니더라도) 그 늪에서 헤어 나오지 못합니다.

예를 들어, 자살 시도를 반복하는 청소년 중에는 중학교 시절 심한 집단 괴롭힘을 지속적으로 경험한 아이들이 많아요. 물건을 뺏기고 무시당하는 일을 몇 년간 날마다 당합니다. '뚱보', '난쟁이'처럼 외모로 놀림을 받거나 '너 같은 건 살 가치가 없다', '빨리 죽어버려라' 등 존재를 부정당하는 욕설을 듣습니다. 발로 차이고 손으로 맞는 신체적 폭력도 예사입니다.

집단 괴롭힘을 당하는 아이는 상대를 죽도록 미워하고 저주하기도 하겠죠. 하지만 오랜 시간 괴롭힘을 당하다 보면 마음에 변화가 옵니다. 가스라이팅처럼 '너는 살 가치가 없다'라는 메시지를 끊임없이 받다 보면 싸울 의지가 꺾이면서 스스로 '나는 살 가치가 없다'라는 생각을 품게 되지요. 그렇게 날마다 자신을 부정하는 경험을 거듭하면서 그 생각을 더 강화해 나갑니다.

이 아이가 중학교를 졸업하면 어떻게 될까요? 더 이상 괴롭힘당하지 않게 된다면 문제는 해결될까요? 안타깝지만 아닙니다. 자신은 살 가치가 없다는 부정적 인생철학이 고스란히 마음속에 자리 잡게 되거든요. 고등학생이 되고 대학생이 되어도 그 생각이 사라지기는커녕 점점 강해집니다. 그래서 현재 아무런 문제가 없어 보여도 자살 시도를 반복하게 되는 겁니다. 더 이상 괴롭힘을 당하지 않지만, 과거에 괴롭힘을 당하면서 각인된 부정적인 인생철학이 자신을 괴롭히는 거죠. 스스로 마음이 소모되는 것을 알면서 아무것도 하지 못하게 됩니다.

이번에는 다른 예를 들어 볼게요. B라는 여성이 처자식 있는 남자와 사랑에 빠졌습니다. 남자는 이혼할 생각이 추호도 없습니다. 그렇다고 내연녀와 헤어질 생각도 없지요. 즉, 아내도 애인도 모두 욕심내는 그야말로 도둑놈 심보인 거예요. 설상가상 남자는 아내와 애인에게 폭력을 휘두르기까지 합니다. 그런데도 자신과 헤어지지 못하는 두 여성을 보며 우월감을 느끼고 지배욕을 채웁니다. B와 상담하면서 남자에 대해 그런 인상을 받았습니다.

B는 왜 이런 난폭한 남자에게 벗어나지 못하는 걸까요? 아내의 경우, 경제적 이유나 아이 때문에 쉽게 이혼을 결심하지 못할지도 모릅니다. 하지만 B는 결혼도 안 했고 아이도 없잖아요. 그런데 왜 폭력을 견딜까요?

'어덜트 칠드런(adult children)'이라는 말을 들어 본 적 있나요? 어덜트 칠드런이란 어린 시절 부모와 정서적 유대감을 형성하지 못한 채 결핍을 지니고 성장한 어른을 말합니다. 이 유형에 속하는 B 같은 여성은 남성이 휘두르는 폭력에 괴로워하면서도 지배당하는 상황에 만족감을 느낍니다. 이 남자를 사랑해도 절대 행복해질 수 없음을 알면서도 차마 떠나지 못합니다. 마음속 어딘가에서 지배자를 원하고 있으니까요.

이런 사람을 지탱하는 인생철학은 '나는 행복해질 자격이 없다'입니다. 결코 B가 바보 같다고 생각하지 않아요. 하지만 '이 남자를 사랑하는 한 나는 행복해질 수 없다'라는 사실을 뻔히 알면서도 자신을 바꾸지 못하는 건 다른 문제입니다. 사랑이나 희

마음이 소모되기 전에 생각할 것들

생 같은 게 아니라 인생철학의 문제라는 얘기예요.

'나는 행복해질 자격이 없다'라는 인생철학에 안주하는 삶은 어떻게 보면 편할 수도 있습니다. 자신을 노력해서 바꿀 필요가 없거든요. 하지만 그 인생철학을 고수하는 한, B가 평생 불행한 삶을 보내게 되리라는 건 불 보듯 뻔한 일이죠.

대체로 이런 여성들의 유년기를 들어 보면 어머니가 병약하거나 부모님 갈등이 심해서 우울한 분위기에서 자란 경우가 많아요. 이들은 어릴 적부터 '행복할 수 없는 여자'였던 어머니를 위로하고 지지해 주는 역할을 도맡아 왔습니다. 그렇게 어른이 된 이후에는 어머니처럼 정서적으로 불안정한 남성에게 자기도 모르게 끌리고 그를 돌보는 역할을 자처하게 되는 겁니다.

치유는 시간의 문제이지만

때로는 기회의 문제이기도 하다.

그리스의 의학자, 히포크라테스

나는 행복해질
자격이 있다는 다짐

두 가지 사례를 통해 살펴봤듯 변해야 한다고 생각하면서도 변하지 못해 괴로워하는 사람은 자신을 부정하는 인생철학을 가진 경우가 많습니다. 왜곡된 인생철학에 얽매여 스스로를 옭아매는 거죠. 대부분 이런 이들은 상담을 받으며 자기 고통을 털어놓으면 한결 마음이 가벼워집니다. '나는 변할 수 없다'라는 강박관념에서 벗어나 자신을 객관적으로 바라보게 되지요.

예를 들어, 앞서 언급한 집단 괴롭힘 후유증으로 자살 시도를 반복하는 청소년이라면 이렇게 생각하게 됩니다.

'나는 학창 시절 괴롭힘을 당했고 하루하루가 비참했다. 그때 생긴 마음의 상처로 지금도 고통스러워하는 건 이상한 일이 아니다. 하지만 그렇다고 언제까지나 불행하게 살아야 할까? 지금은 더 이상 괴롭힘을 당하지도 심한 욕설을 듣지도 않는다. 더 이상 어리지도 않고 주변에 나를 괴롭히는 사람은 아무도 없다. 집단 괴롭힘의 피해자였다고 해서 내가 평생 괴로워하며 살아야 할 이유는 없다. 지금보다 행복해져도 괜찮지 않을까.'

주먹을 휘두르는 애인에게 벗어나지 못하는 B와 같은 여성이라면 다음처럼 생각하게 될 겁니다.

'나는 지금도 그를 사랑한다. 하지만 그를 계속 사랑한다면 나는 결코 행복해질 수 없다는 것도 안다. 내가 곁에 있으면 그 사람은 변하지 못할 것이다. 그를 잊기는 힘들겠지만 그렇게 하지 않으면 그 사람도 나도 행복해질 수 없다. 일단은 그 사람과 떨어져서 혼자 지내 보자.'

앞에서 진정한 행복을 얻으려면 우리를 행복하게 해 주는 인생철학을 갖는 게 중요하다고 말했습니다. 나는 행복해질 자격이 없다는 생각(인생철학)에서 벗어나 '나는 행복해질 자격이 있다'라는 인생철학을 가지게 될 때 비로소 이런 변화가 일어나게 됩니다. 내담자는 상담을 통해 자기 내면에 뿌리 깊이 내재된 인생철학을 조금씩 수정해 나갑니다. 자기 부정적인 인생철학에서 자기 긍정적인 인생철학으로 말이지요.

내 인생이 나만의 것이라는
생각의 함정

개인의 인생철학은 어떤 시대, 어떤 문화에 살고 있느냐에 따라 영향을 받기 마련입니다. 요즘 시대를 살아가는 사람들에게는 당연하다고 느끼며 자연스럽게 몸에 익히는 사고방식이 있습니다. 그래서 같은 시대, 같은 문화에 사는 사람들이 비슷한 고민을 공유하는 것이죠.

그렇다면 요즘 우리가 공유하는 인생철학에는 어떤 것이 있을까요? 떠오르는 대로 적어보겠습니다.

- 내 인생은 내 것이다.
- 그러니 내가 어떻게 살지는 내 자유다. 남에게 피해만 주

지 않으면 된다.

- ○ 좋아하는 일을 하면서 살아야 한다. 주위 시선을 의식하느
  라 좋아하지도 않는 일을 한다면 죽을 때 분명 후회한다.

- ○ 내 몸은 내 것이다.
- ○ 그러니 건강하게 오래 살든, 아파서 일찍 죽든 내 자유다.
  죽을 때 가족에게 폐만 끼치지 않으면 된다.
- ○ 내 몸은 내 것이니 무엇을 하든 내 자유다. 남에게 폐만 끼
  치지 않으면 된다.

- ○ 내 생명은 내 것이다.
- ○ 그러니 자기 생사를 결정할 권리는 나에게 있다. 죽은 이
  후에 가족이 받을 심리적·사회적·경제적 피해만 미리 고
  려하면 된다.

공감하시나요? 현대인들은 인생과 몸과 생명을 내 것, 즉 내
소유물로 인식하는 경향이 있습니다. 누군가에게 주어진 게 아
니라 처음부터 내 것이라고 여기죠. 이 생각에 정면으로 이의를
제기할 사람이 얼마나 될까요? 몸이나 생명에 관해서는 다소 이
의를 제기할 수도 있겠습니다만, 내 인생이 내 것이라는 생각에

반대할 사람은 거의 없을 거예요.

하지만 단언하건대, '내 인생은 내 것이다. 내가 어떻게 살지는 내 자유다'라는 생각이야말로 모든 악의 근원입니다. 현대인을 행복의 역설이라는 함정에 빠뜨려 끝없는 허무함을 느끼게 하는 정체가 바로 이 생각입니다.

네 믿음은 네 생각이 된다.

네 생각은 네 말이 된다.

네 말은 네 행동이 된다.

네 행동은 네 습관이 된다.

네 습관은 네 가치가 된다.

네 가치는 네 운명이 된다.

인도의 정신적 지도자, 마하트마 간디

당연하지 않은 걸
당연시할 때 오는 것

내 인생은 내 것이라는 생각이 현대인을 덮치는 고통의 근원이다? 너무나 당연해 보이는 이 생각이 우리를 괴롭히는 이유라니 의아할 수 있습니다.

한번 생각해 볼까요. 내 인생은 내 것이라는 말은, 다시 말해 '내 인생은 내 소유물'이라는 뜻입니다. 그렇다면 어떻게 살지는 내 마음이고, 내 인생은 내가 하고 싶은 일을 해 나가는 무대가 되겠지요?

'내 인생이니 남에게 폐를 끼치지 않는 한 내가 하고 싶은 것을 해도 된다', '내 인생은 내 꿈과 희망, 욕구를 실현하는 무대다'와 같은 생각이 잘못된 것만은 아닙니다. 개인의 자유가 보장된다는 점에서는 반드시 나쁘다고만은 할 수 없죠.

일본의 경우 1980년대부터 서민들도 생활의 풍요로움을 맛보기 시작했습니다. 그러면서 국가나 회사를 위해 노력하는 삶보다 개인의 행복을 위하는 삶이 우선시됩니다. 이른바 자아 실현의 시대가 도래한 거죠. 내 인생은 내 것이고, 내가 어떻게 살지는 내 자유라는 생각은 그때까지 조직의 부속품처럼 살아가던 사람들이 자신을 자유롭게 표현하는 데 버팀목이 되어 줍니다.

하지만 그로부터 40여 년이 지난 지금은 사정이 많이 달라졌어요. 물질이 넘쳐나는 풍요로운 사회, 현대인은 하고 싶은 일을 대부분 해 봤습니다. 더 이상 하고 싶은 일이 없을 만큼 개인은 자유로워졌고 욕구도 상당 부분 충족되었지요.

아무리 즐거움을 추구하고 그 욕구를 충족해도 한번 경험한 이상 감흥은 덜하기 마련입니다. 이런 상황에서 앞을 내다 보니 특별히 하고 싶은 일도 없는데 똑같은 일상이 언제까지나 이어질 거라는 생각만 듭니다. 누군가가 "당신의 인생은 당신 것이다. 그러니 하고 싶은 것을 마음껏 해라"라고 말해도 정작 무엇을 할지 몰라 난감할 따름이죠.

새로울 것 없는 똑같은 하루가 앞으로 언제까지나 반복될 거라는 느낌, 이 느낌은 우리를 견딜 수 없이 숨 막히게 합니다. 내 인생은 내 것이며 어떻게 살지는 내 자유라는 생각이 가진 한계

마음이 소모되기 전에 생각할 것들

입니다.

'내가 하고 싶은 일을 하자'라는 메시지는 조직에 얽매여 있던 개인이 자아를 실현해 나가는 과정에서는 큰 의미가 있었습니다. 그러나 사람들의 기본적인 욕구가 어느 정도 충족된 성숙한 사회에서는 그것이 오히려 극도로 압박감을 줍니다. 생각해 보세요. 인생이라는 것이 처음부터 내 것이었나요? 물건을 소유하듯 자기 인생을 소유물처럼 여겨도 괜찮은가요?

스스로 '내 인생은 내 것이다. 그러니 어떻게 살든 내 자유다' 이런 말을 되뇔 때 마음속에서 자기도 모르게 묘한 이질감이 느껴지지 않나요? 우리는 당연하지 않은 생각을 무리하게 당연시하며 살아온 건 아닐까요? 저는 현대인이 살면서 느끼는 왠지 모를 허무함의 근원이 여기서 출발한다고 생각합니다.

다음 장에서는 현대인이 충만한 삶을 살기 위해 필요한 인생 철학에 대해 살펴보겠습니다.

제4장

어떻게
삶의 의미를 찾을까?

프랭클이 소개하는 '스스로에게 질문 던지기'

'해도 그만 안 해도 그만'이
위험한 이유

앞서 말한 것처럼, 현대인은 행복의 역설이라는 함정에 빠져 버렸습니다. 행복을 맹목적으로 좇다가 행복의 포로가 되어 오히려 행복을 날려 버린 거죠. 이러한 비극의 바탕에는 '내 인생은 내 것'이라는 왜곡된 인생철학이 자리하고 있다는 데까지 이야기했습니다. 내 인생을 내 것이라고 인식하는 순간, 인생은 자기 욕망을 이루는 무대가 됩니다.

'하고 싶은 일을 하려고 내 인생이 존재하는 거야. 내 인생이니 어떻게 살든 내 자유야.'

이런 삶의 방식은 하고 싶은 일이 무궁무진하던 시대에는 별 문제가 되지 않았습니다. 그러나 하고 싶은 일을 대부분 실현해

버린 요즘은 어떨까요? 물론 앞으로도 흥미로운 상품들이 개발되어 인간의 욕구를 자극할 겁니다. 새롭게 하고 싶은 일도 생길 테고요. 그렇다고 예전처럼 '어떻게든 해내고 말겠다!'라는 강렬한 마음이 생기지는 않을 거예요. 해도 그만, 안 해도 그만이라는 마음일 겁니다. 앞으로 어떤 자극이 나오더라도 대부분 이 정도에서 머무를 테죠.

현대 사회는 적당히 가볍고 상대적인 욕망만 존재하는 그런 세상이 되어 버렸습니다. 현대인에게 삶 자체가 얄팍한 욕망덩어리에 불과해졌어요. 무엇을 해도 감흥을 느끼지 못하죠. 처음의 신선한 감각은 사라지고 금세 모든 게 지루해지는 겁니다.

'살아도 좋고 죽어도 좋다.'

'어느 쪽이든 상관없다면 그냥 살지 뭐.'

많은 현대인이 이런 생각을 품고 채워지지 않는 공허함을 느끼며 살아갑니다. 상담하다 보면 "살아 있다는 실감이 들지 않아요", "세상에 왜 태어났는지 모르겠어요"라고 한탄하는 사람이 얼마나 많은지 몰라요.

그러한 생각의 배경에는 앞서 말했듯 내 인생은 내 것이고 어떻게 살든 내 자유라는 생각이 있어요. 이 철학을 고수하는 한, 우리 인생은 고작해야 해도 그만이고 안 해도 그만인 인생이 되어 버릴 뿐입니다. 하고 싶은 일이 대부분 실현되어 버린 사회

에서 살아 있다는 실감 없이 이런저런 일로 바쁘게 지낸다 한들,
남는 건 허무한 마음뿐이겠지요.

이 상황을 바꾸려면 우리가 당연시 여기는 인생철학부터 의심
해 봐야 합니다.

죽을 권리도
있다는 착각

내 인생은 내 것이라는 생각은 '내 몸은 내 것이다', '내 생명은 내 것이다'라는 생각으로 이어집니다. 그중에서도 내 생명은 내 것이라는 생각이 가장 밑바탕에 깔려 있습니다. 따라서 이 생각부터 의심해 봅시다.

"내 생명은 내 것이다." 언뜻 보면 지극히 타당한 명제 같지요. 생명 앞에 '모든'이 아니라 '나의'라는 소유격이 있으니 내 생명은 당연히 내 것이라고 항변할지도 모르겠습니다.

하지만 한발 더 나아가 볼까요. 내 생명이 내 소유물이며 내 마음대로 해도 되는 것이라면, 말 그대로 죽고 사는 것도 내 자유가 됩니다. 나에게는 살 권리도 있고 죽을 권리(자살할 권리)도 있다는 얘기가 되지요.

정말 그런가요? 왠지 위화감이 드는 말이지 않나요? 솔직히 저도 예전에는 '내 생명은 내 것이니 살 권리가 있으면 죽을 권리도 있다'라고 생각했던 때가 있었습니다. 하지만 어느 순간 그렇지 않다는 사실을 깨달았어요.

만일 스스로의 의지로 무언가를 얻었다면, 그 무언가를 나의 의지로 버릴 수도 있어요. 내가 마음에 들어서 구입한 고급 볼펜을 다른 사람에게 마음대로 준다고 한들 아무런 문제가 없지요. 하지만 생명은 달라요. 생명은 얻겠다고 마음먹어서 얻은 게 아니니까요. 이 세상에 태어났을 때를 떠올려 보세요. 어느 날 깨닫고 보니, 당신은 이미 살아 있었습니다.

여기에 중요한 포인트가 있습니다. 우리는 스스로 이 세상에 살기로 결심해서 살기 시작한 것도, 생명을 원해서 생명을 얻은 것도 아니에요. 그저 깨달았을 때 이미 살아 있었던 거죠. 시간 순서로 보자면 살아 있던 게 먼저고 깨달았던 게 나중입니다. '이것이 나다'라는 자기의식이 생긴 순간부터 내가 존재하기 시작했다면, '나'라는 존재는 '살아 있다'라는 사실이 있고 나서 생겼다는 얘기죠.

논리적으로 생각해 봐도 그래요. 우리는 처음부터 살아 있었어요. 즉, 생명을 먼저 부여받은 이후에 내가 살아 있다는 자기

의식이 생겼다는 얘기죠. 그렇다면 나와 생명의 관계를 다시 따져 봐야 하지 않을까요?

사람들은 흔히 이렇게 생각합니다. 나라는 확고한 존재가 있어서 그 존재가 생명을 소유하고 있다고. 그리고 죽음이란 나라는 존재가 소유하던 생명을 잃는 사건이라고. 하지만 이는 대단한 착각입니다. 오히려 이렇게 생각해야 하지 않을까요? 나라는 존재 이전에 이미 생명이 있었고, 나중에 '이것은 내 생명이다'라고 의식하면서 비로소 나라는 존재가 탄생했다고.

죽음에 대해서도 마찬가지예요. 죽어서 없어지는 건 나라는 존재, 즉 나의 자기의식이에요. 생명이 없어지는지 여부를 우리는 확인할 방도가 없습니다. 이미 의식이 사라진 이후니까요. 이렇게 생각하는 게 훨씬 이치에 맞지 않나요?

애당초 생명이란 무엇일까요? 단순한 사물, 물체가 아님은 분명해 보입니다. 그렇다면 생명이란 '기(氣)'일까요? 아니면 생명에너지라는 말에서처럼 에너지일까요? 나의 생명과 다른 생명, 인간의 생명과 인간 아닌 생명은 별개일까요?

저는 태초에 위대한 에너지의 소용돌이로 생명이 존재한다고 생각해요. 그 생명이 어디에서는 꽃이라는 형태로, 어디에서는 귀뚜라미라는 형태를 취하는 거죠. 우연인지 필연인지는 알 수 없지만요. 더 나아가 그와 같은 생명이 지금 여기서는 '나'라는 형태를 취하고 있고요.

다시 말해, 내가 생명을 가지고 있는 게 아니라 생명이 내 모습으로 나타난 겁니다. 생명 에너지의 일부가 지금 여기서 나라는 형태를 취하고 있는 거죠.

> 나지도 멸하지도 않으며, 더럽지도 깨끗하지도 않으며, 늘지
> 도 줄지도 않느니라(불생불멸 불구부정 부증불감, 不生不滅 不垢
> 不淨 不增不減).
>
> 《반야심경》

《반야심경》에는 '불생불멸(不生不滅)', 즉 태어나지도 않고 죽지도 않는다는 말이 있습니다. 지금 하는 말과 일맥상통합니다. 만일 내가 살아 있다는 것을 내가 생명을 가지고 있다는 의미로 해석한다면 내 존재와 내 삶은 의미가 없다는 결론이 나와요. 언젠가 나는 죽어 없어질 테니까요.

하지만 위대한 생명이 이미 존재하고 그 일부가 지금 여기서 나라는 형태를 취하고 있다고 생각한다면? 나라는 형태가 설령 죽음으로 사라진다 해도 나를 나로서 존재하게 하는 생명은 사라지지 않아요. 그것은 내가 태어나기 전부터 있었고 지금도 있으며 내가 죽은 후에도 계속 있으니까요. 생겨나는 것도 아니고

사라지는 것도 아닙니다. 그래서 불생불멸인 거예요.

　이렇듯 생명은 생과 사를 초월해 존재합니다. 어떤 때는 나라는 형태를 취하고 어떤 때는 꽃이라는 형태를 취할 뿐, 생명은 천태만상으로 다르게 나타나지요. 그러니 내가 죽어 사라진다 해도 내 존재나 내 인생의 의미가 사라지는 건 아닙니다.

　　마음이 소모되기 전에 생각할 것들

고민이 사라지게 하는
단 하나의 방법

내가 생명을 가지고 있는 게 아니라 생명이 내 모습으로 나타
난다고 말했는데, 왜 이런 생각을 하게 되었을까요? 제가 생명
에 대한 생각을 바꾼 결정적인 계기가 있습니다. 바로 저 자신
이 구원을 받은 경험입니다.

저는 중학생부터 대학생 때까지 내면의 지독한 이기주의로 괴
로워했습니다. 무엇을 위해 태어났는지, 어떻게 살아야 할지 몰
라 지옥과 같은 시간을 보냈지요. 진정한 삶의 방식을 찾아 헤
맸지만 처절한 실패를 맛봤고 이 고통은 무려 7년이나 이어졌어
요. 그러다 기적처럼 바뀌었는데, 그 순간 제 생명관도 완전히
달라졌습니다.

대학 3학년 어느 가을날 오후의 일이었어요. 전날 밤 늘 그렇듯 '나는 무엇을 위해 태어났는가', '어떻게 살아야 하는가'라는 물음에 사로잡혀 뜬눈으로 밤을 지새운 상태였지요. 지칠 대로 지쳐버린 저는 마침내 모든 걸 포기하기로 결심했습니다. 한마디로, '이제 어떻게 되든지 나랑 상관없어'라는 심정이었지요. 그러자 놀라운 일이 벌어졌습니다. 완전히 나가떨어져야 할 제가 쓰러지지도 무너지지도 않고 굳건히 서 있는 게 아니겠어요?

저는 그때까지 어떻게 살아야 할지 모르면 더 이상 살아갈 수 없다고 믿었습니다. 그래서 죽음의 벼랑 끝에 내몰리는 심정을 느끼면서도 물음을 던져온 거예요. 그런데 힘이 다하여 끝내 물음을 내던졌음에도 이렇게 꼿꼿하게 서 있다니! 게다가 서 있는 모습도 평소의 제가 아니었습니다. 모든 걸 내던진 제 몸에서는 이미 모든 힘이 남김없이 빠져나간 상태였지요.

그럼에도 그렇게 서 있을 수 있었던 건 저 아닌 다른 무언가의 힘, 혹은 작용 때문이었습니다. 그렇게 생각하며 다시 한번 자신을 바라보니 실제로 밑바닥에서 뭔가 거대한 힘이 작용하는 느낌이 들더군요. 거대한 힘이 저를 깊숙이 관통해 발의 밑바닥까지 뚫고 들어간 깊은 곳에서 작용하고 있는 듯했어요. 그 힘에 굳이 이름을 붙이자면 '생명의 작용', '생명 에너지의 소용돌이'라고 할까요? 적당한 이름인지는 잘 모르겠습니다만, 이렇게 불러

마음이 소모되기 전에 생각할 것들

보겠습니다.

다만, 그때까지는 제가 어떻게 살아야 할지 고민하느라 미처 깨닫지 못했지만 이 생명의 작용은 오래전부터 존재하면서 저를 살리고 저를 존재하게 하고 저를 성립하게 해 주었다는 걸 알 수 있었습니다.

이 느낌이야말로 저를 존재하게 하는 본질이었습니다. 저는 생명의 작용이 형태만 바꾼 모습에 불과했어요. 바로 그 순간, 제 존재의 근간에서 늘 존재하던 진리를 깨달음과 동시에 고민이 씻은 듯이 사라져 버렸지요.

"내가 생명을 가지고 있는 게 아니다. 생명이 먼저 존재하고 그것이 지금 여기서 '나'라는 형태를 취하고 있다."

답을 얻어서 고민이 해결된 게 아닙니다. 고민할 필요가 없어지니 고민이 저절로 사라져 버린 거죠. 그렇다면 우리가 진정한 삶을 살아가는 방식은 무엇일까요?

위대한 생명이 작용하는 하나의 형태로 제가 존재한다면, 진정한 삶의 방식은 생명의 작용을 실천하는 데 있습니다. 상상해 보세요. 이 세상과 우주에는 생명이 가득 차 있습니다. 이 세상에 존재하는 모든 것, 이 세상에서 일어나는 모든 일은 생명의 작용이 다양한 형태로 나타난 것입니다. 하늘도, 바다도, 눈앞에 보이는 산도, 멀리서 들려오는 새소리, 들판에 피어난 꽃도…….

그리고 지금 여기 서 있는 나라는 존재까지, 모든 것은 본래 하나인 생명 작용이 각기 다른 모습으로 나타난 거예요.

저 꽃이 지금 여기 피어 있는 것, 나라는 인간이 지금 이 시대, 이 장소에서 살고 있는 것, 사랑하는 사람을 만나 함께 살아가는 것……. 모든 일은 생명의 작용이 끊임없는 과정에서 취하는 다양한 형태, 다시 말해 생명의 자기표현인 셈이에요.

따라서 생명의 한 형태인 우리는 몸과 마음, 영혼을 포함하는 생명의 작용을 인식하며 그 흐름에 따라 살아가야 합니다. 때로는 그 움직임에 몸을 맡기고, 때로는 그 소리에 귀를 기울이고, 때로는 그 속삭임에 따라 노래하고, 때로는 그 리듬에 맞춰 춤을 추는 삶. 그런 삶 속에서 인간의 진정한 모습과 진정한 삶의 방식이 실현될 겁니다.

시련은

당신을 더 강하게 만들 것이다.

독일의 철학자, 프리드리히 니체

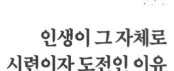

인생이 그 자체로
시련이자 도전인 이유

"세상은 단순한 물질의 집합에 불과하다. 이 세상 어디에 그런 생명 작용 같은 게 있단 말인가"라고 이의를 제기할 분도 있을지도 모릅니다. 하지만 이 세상이 단순한 물질의 집합이라고는 도저히 생각하기 어렵습니다. 그저 우연에 불과하다고 생각하기엔 이 세상이 너무도 완벽하게 설계되어 있으니까요.

예를 들어보겠습니다. 우리가 사는 지구는 완벽한 균형을 유지하며 태양을 중심으로 돌지요. 만약 지축이 1도가 어긋난 상태라면 우리는 모두 1년만에 타 죽거나 얼어 죽고 말 거예요. 우리 몸은 또 어떤가요? 신비롭거나 경이롭다는 말로밖에 표현하지 못할 만큼 조화를 이루고 있습니다. 이처럼 정교하기 그지없

마음이 소모되기 전에 생각할 것들

는 규칙과 설계가 단지 우연일 뿐이라고 말하기엔 조금 아깝지 않을까요?

트랜스퍼스널 심리학의 대가 켄 윌버(Ken Wilber)는 그럴 리가 없다고 단언합니다. 일반적으로 우주는 아무것도 없는 곳에 빅뱅이 일어나면서 시작되었다는 설이 지배적입니다만, 윌버는 이 생각에 의문을 제기했어요.

가령 원숭이가 마음대로 타자를 친다고 해 보죠. 그러던 중에 우연히 셰익스피어 수준의 작품이 탄생할 일이 가능할까요? 윌버는 그런 일이 일어날 확률이 10억^{2}의 1에 불과하다고 말합니다. 단순 계산으로 10억의 제곱수, 그러니까 10경(=10만 조) 년이라는 감히 가늠도 되지 않는 아득한 시간이 걸려야 나올까 말까 한 일이죠. 하지만 우주 나이는 140억 년밖에 되지 않습니다. 원숭이의 타자와 똑같은 단순 계산으로 생각해 보면, 이 시간은 단 하나의 산소를 우연히 만들어 내기에도 턱없이 부족한 시간임을 알 수 있지요.

자, 어떤가요? 확률적으로 봐도 우주에는 우연 이외의 어떤 힘이 작용하고 있다고 생각하는 게 자연스럽지 않나요? 윌버는 우주가 그 자체로 의지와 힘을 가지고 있으며 일정한 방향을 향해 끊임없이 진화를 거듭한다고 여겼어요. 인간의 몸과 마음, 영혼은 우주의 장대한 진화 과정에서 중요한 일부로 만들어졌다는 얘기지요.

월버는 인간이 우주의 진화 과정에서 자신의 존재 의미와 사명을 자각하고 스스로 적극적으로 이 진화 과정에 참여해 살아가야 한다고 강조했어요. 여기서 말하는 우주란 우리와 동떨어져 저 멀리에 존재하는 우주가 아니에요. 저와 당신, 우리 모두를 일부로서 포함하는 우주를 가리키죠.

모든 것을 그 일부로 포함하며 자체적인 의지와 힘을 가진 우주, 이것이야말로 제가 말하고 싶었던 '위대한 생명의 작용'의 본질이에요. 그것이 때때로 꽃의 형태로, 불의 형태로, 인간의 형태로 나타나는 거예요. 우리는 자기 몸과 마음, 영혼을 그 일부로 포함하는 생명의 작용을 늘 인식하며 살아가야 한다고 말했는데, 그렇다면 우리 인생은 무엇을 위해 존재하는 걸까요? 바로 이 작용을 자각하고 생명의 질문에 답하기 위해서입니다.

이처럼 내 인생이라고 해서 나의 소유물은 아니에요. 따라서 '어떻게 살든 내 마음이다. 남에게 폐를 끼치지 않는다면 하고 싶은 대로 해도 좋다'라는 생각은 잘못된 생각입니다. 우리 인생은 이 세상에 태어난 의미와 사명을 실현하기 위한 기회로 주어진 거예요.

그런 의미에서 보자면 인생이란 그 자체로 시련이자 도전이기도 해요. 인생은 우리가 각자에게 주어진 의미와 사명을 발견하고 이를 실현할 수 있는지 끊임없이 시험하고 있으니까요.

다양한 상황 속에서 감추어진 도전의 의미를 찾고 이를 실현하기 위해 노력할 때만이 성장의 기회이고, 그 결과로 한 명의 인간으로서 성숙해집니다. 인간이란 본래 그런 존재입니다.

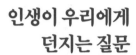

인생이 우리에게
던지는 질문

　인생의 의미는 우리들 생각과는 별개로 이미 존재하므로 "나는 무엇을 해야 하는가"에 대한 답도 이미 주어져 있습니다. 이 질문에 대한 답은 우리가 고민하기도 전에 이미 우리를 뛰어넘은 저 너머에서 시시각각 전해지고 있지요.

　프랭클은 이를 두고 무엇을 위해 살아야 할지, 어떻게 살아야 할지를 고민하다 막다른 골목에 부딪혀 모든 걸 내던지는 심정으로 고민을 놓아버릴 때, 다음과 같은 '인생의 진실'에 눈뜨게 된다고 말하고 있습니다.

　비로소 그때, 인생의 의미를 묻는 질문에 코페르니쿠스적 전환이 일어난다.

인간이 인생에게 질문하기에 앞서 인생이 인간에게 질문한다. 그러므로 인간은 애당초 인생의 의미를 물을 필요가 없는 것이다.

인간은 인생으로부터 질문을 받는 존재이다. 인간은 살아갈 의미를 찾기 위해 질문을 던질 것이 아니라 인생이 던지는 질문에 답해야 한다.

그리고 그 답은 인생이 던지는 구체적인 질문에 걸맞은 구체적인 대답이어야 한다.

빅터 프랭클, 《영혼을 치유하는 의사》

많은 사람이 '무엇을 위해 사는가', '인생에 의미가 있는가'를 고민하면서 괴로워합니다. 하지만 사실은 고민할 필요가 없습니다. 어떤 고민을 하든지 간에, 우리를 넘어선 저 너머에서 이미 우리 발밑으로 답이 전해지고 있거든요. "무엇을 위해 사는가?"라는 물음에 대한 답은 우리 의지와 상관없이 이미 주어져 있다는 말입니다.

할 일은 오직 하나입니다. 우리에게 주어진 의미와 사명을 발견하고 이를 실현해 나가는 것. 프랭클이 '인간은 인생에게 질문받는 존재'라고 한 뜻을 이제는 아시겠지요?

아무리 절망적인 상황에서도 인생에는 의미가 있습니다. 모든 사람은 자기 인생에서 이루어 내야 할 사명이 있습니다. 더 이상 인생의 의미를 찾고자 고민하지 마세요. 당신은 그저 삶의 진실에 눈을 뜨기만 하면 됩니다. 용기를 가지고, 집착을 버리고, 이토록 놀라운 진실을 깨닫기만 하면 됩니다. 해야 할 일, 채워야 할 의미, 인생에서 이루어야 할 사명, 이 모든 것은 이미 우리 발밑에 다가와 있습니다.

인생에 주어진 의미와 사명을 발견하고 삶 속에서 이를 실현해 나가면 됩니다. 우리가 할 일은 오직 그뿐입니다. 일상에서 인생의 물음에 답하면서 살아가는 삶 말이에요. '인생이 던지는 구체적인 질문에 걸맞은 구체적인 대답'은 하루하루 최선을 다해 주어진 의미와 사명을 다하고자 노력한다는 뜻입니다.

"이 세상에 의미 없는 인생이란 없다"

"어떤 사람의 인생에도 의미가 있다. 이 세상에 생명이 있는 한, 의미 없는 인생이란 없다."

이것이 프랭클이 말하는 '절대 긍정의 철학'의 정의입니다. 앞에서 말했던, 내 생명은 내 것이고 내 인생도 내 것이다, 남에게 폐를 끼치지 않는 한 어떻게 살든 내 마음이라는 사고방식과는 정반대지요.

생명은 나라는 형태로 나타났습니다. 그러므로 나의 인생은 생명으로부터 부여받은 셈이죠. 그래서 우리에게는 인생에서 해야 할 일, 채워야 할 의미를 발견하고 이를 실현해야 할 과제가 있습니다. 인생에 대한 기본적인 관점을 이렇게 수정하면 우리는 자연스럽게 자신을 긍정하게 됩니다.

현대인은 보통 매사에 이치만 따지며 살아가다 '어차피 인생 따위 무의미하다', '어떻게 살아도 상관없다'라는 생각에 빠지는 경우가 많은 듯합니다. 일단 사물을 부정적으로 보기 시작하면 세상 모든 일이 무의미하게 느껴지고 인간이 하는 모든 일이 어리석게만 보이지요. 이런 사람은 얼굴에서부터 드러납니다. 생기가 없어지고 표정이 어두워지거든요.

바로 예전의 제가 그랬습니다. 무엇을 봐도 부정적으로만 보였고 세상에서 일어나는 모든 일이 부질없게 느껴졌습니다. 무엇이 저를 그토록 압박했을까요?

지금 돌이켜보면, 많은 청년이 그렇듯 '지나치게 생각하는 습관'과 '완벽주의' 때문이 아닐까 싶습니다. 이런 사람은 "너는 생각이 너무 많아서 탈이야"라거나 "매사에 완벽주의가 지나치다"라는 말을 들어도 공감하지 못해요. 오히려 "그게 왜 나쁘냐?"라고 반문하죠.

저 역시 그랬어요. 스스로 답을 찾을 때까지 생각해야 직성이 풀리는 성격이기 때문이었습니다. '나는 무엇을 위해 태어났는가', '어떻게 살아야 하는가'라는 화두에 죽기 살기로 매달려 밤낮을 가리지 않고 고민했어요. 어떻게 보면 미치지 않은 게 이

마음이 소모되기 전에 생각할 것들

상할 정도였지요.

그렇게 7년이라는 시간 동안 고민하다 차라리 죽는 게 낫겠다고 결심하고 나서야 비로소 그 고민에서 벗어날 수 있었습니다. 제가 무엇을 어떻게 생각하든 아랑곳없이 눈앞에서 소용돌이치는 생명 에너지, 몸도 마음도 아닌 보다 근원적인 생명 작용, 그것이 바로 내 본질이며 머리로 생각하는 것보다 근본적인 것임을 깨달았습니다.

그렇게 눈을 돌리자, 그곳에 모든 답이 주어져 있더군요.

"내가 사는 의미는 무엇인가?"

"내가 해야 할 일은 무엇인가?"

그토록 갈구해 오던 의문에 대한 해답이 이미 주어져 있던 거예요. 나의 생명은 다른 생명과 동떨어져 존재하는 것이 아니라 본래 하나의 생명 작용이며 그 일부로 나에게 부여된 것입니다. 생명 작용, 즉 생명 에너지야말로 내 본질이고, 나라는 존재는 생명 작용의 한 형태에 지나지 않아요. 이 사실을 뼈저리게 깨달았을 때 모든 해답이 이미 주어져 있음을 알게 되었답니다.

'나는 생명의 다른 형태다. 내 인생은 주어진 것이며 인생에서 해야 할 일은 이미 주어져 있다. 나는 주어진 의미와 사명을 실현하기 위해 존재한다.'

이러한 인생의 진리에 눈뜨고 기본적인 인생철학을 수정하자

제 고민은 씻은 듯이 사라졌습니다. 어떤가요? 이 글의 처음에
말한 빅터 프랭클의 절대 긍정의 철학과 다를 바가 없지요?

인생의 의미는

고통 속에서도 의미를 찾는 것이다.

《죽음의 수용소에서》 저자, 빅터 프랭클

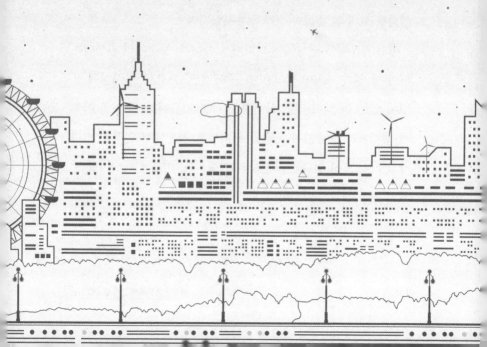

삶의 소중함을
인식하는 법

이 철학을 진심으로 납득하고 체득한다면 자기 존재와 자기 인생을 온전히 긍정하는 힘을 갖게 됩니다. 이는 악인조차, 아니 자신의 사악함을 자각하는 악인일수록 구원받을 자격이 있다고 설파한 고대 한 승려의 생각과 유사합니다.

어떤 경우에도 인생에는 의미가 있습니다. 누군가의 인생이든 해야 할 일과 채워야 할 의미가 주어져 있습니다. 이 세상에 생명이 있는 한 의미 없는 삶이란 하나도 없습니다. 무엇을 어떻게 생각하든 상관없이 우리를 뛰어넘은 저편에서 인생의 의미가 전해져 오고 있다는 프랭클의 인생철학, 여기에는 철저한 구원의 논리가 담겨 있습니다.

프랭클은 "인생은 매일 우리에게 새로운 도전장을 내밀고 우리가 행동하기를 바란다"라고 말합니다. 그러므로 우리가 해야 할 일은 단 하나입니다. 자신이 해야 할 일과 채워야 할 의미, 주어진 사명을 발견하고 실현해 나가는 겁니다.

우리가 프랭클의 인생철학을 받아들이고 자기 것으로 만들 수만 있다면, 그래서 인생이 주어진 의미와 사명을 발견하고 실현해 나가는 시련의 길이라고 생각한다면, 인생은 진정 살아갈 가치가 있음을 믿게 됩니다.

인생의 의미를 더 이상 고민하지 마세요. 답 없는 고민의 악순환에서 벗어나세요. 불운한 일이 겹쳐 절망에 빠진 사람이라도, 허무함에 주저앉은 사람이라도, 자책에 빠져 스스로를 원망하는 사람이라도 프랭클이 말하는 인생철학을 갖게 된다면 인생이 소중하게 다가옵니다.

프랭클의 인생철학을 체득했다면, 다음에 해야 할 일은 무엇일까요? 인생철학을 일상에서 실천하는 방법입니다. 프랭클은 인생철학의 실천법을 '창조 가치, 경험 가치, 태도 가치'라는 세 가지로 나누어 논했습니다.

다음 장에서는 이 세 가지 가치별로 우리의 인생에서 이루어야 할 사명이 무엇인지를 이야기해 보겠습니다.

제5장

삶에 보람을
느끼기 위해 생각할 것

실전1: 창조 가치 실현하기

절망을 이기는
최소한의 생각

이제부터 후반부인 실전 편으로 들어갈 단계입니다. 프랭클 심리학이 말하는 세 가지 가치 영역을 살펴보며 현재 내 모습을 점검해 봅시다. 현재 내가 진정으로 해야 할 일이 무엇인지, 채워야 할 의미와 인생에서 이루어야 할 사명이 무엇인지 구체적으로 발견해 보기 바랍니다.

먼저 프랭클 심리학의 기본 개념을 간단히 정리해 보겠습니다. 프랭클 심리학은 이른바 '의미에 의한 치유'의 심리학입니다. 이 세상에서 해야 할 사명을 깨닫게 하여 살아갈 용기를 전해 준다고 할까요?

프랭클은 유대인이라는 이유로 제2차 세계대전 중 나치 수용소에 끌려갑니다. 상상을 초월하는 처참한 환경 속에서도 프랭클은 사람들에게 살아갈 희망과 용기를 전하기 위해 강연합니다. 강연 내용은 '우리 인생에는 해야 할 사명이 있다. 이러한 믿음이 절망과 고통을 이겨낼 힘을 준다'였지요.

자고로 인간이란 살아갈 의미를 찾아야 마음이 치유되는 존재입니다. 인생에서 해야 할 사명을 찾았을 때 우리는 깊은 충만감을 느끼며 어떤 고통도 이겨낼 에너지를 얻으니까요.

마음이 소모되기 전에 생각할 것들

삶의 의미를 발견하는
세 가지 질문

프랭클은 해야 할 일과 채워야 할 의미, 이루어야 할 사명을 발견하기 위한 세 가지 질문을 제안했습니다.

- 인생은 나에게 무엇을 요구하는가?
- 나를 진정으로 필요로 하는 사람은 누구인가? 그 사람은 어디에 있는가?
- 그 사람을 위해 내가 할 수 있는 일은 무엇인가?

세 가지 질문을 늘 염두에 두고 살아간다면 의미와 사명을 발견할 실마리를 얻을 수 있습니다. 이는 '의미' 발견보다 '자기' 발견에 중점을 두는 기존의 자아실현 심리학과는 정반대 발상입니다. 예를 들어, 기존의 자아실현 심리학은 다음과 같이 묻습니다.

- 당신이 진정으로 하고 싶은 일은 무엇인가?
- 당신의 꿈은 무엇인가?
- 당신의 인생 목표는 무엇이며, 어떠한 희망을 이루고 싶은가?

하지만 프랭클 심리학은 발상 자체가 다릅니다. 행복의 역설에서 설명했듯이, 우리가 하고 싶은 일을 발견하고 실현해도 금방 또 다른 걸 원하게 되어 만성적인 욕구불만에 빠지기 때문이죠. 그래서 프랭클 심리학에서는 자아실현 심리학과는 반대로 이렇게 말하는 것입니다.

- 이 세상 어딘가에는 당신을 진정으로 필요로 하는 누군가가 있다.
- 그 누군가는 당신을 기다린다.
- 당신은 그 누군가를 위해 할 수 있는 일이 있다.

남에게 뭔가 도움이 된다고 느낄 때 인간은 기쁨을 느낍니다. 프랭클 심리학은 자신이 하고 싶은 일이 아니라, 인생이 자신에게 요구하는 것을 찾으라고 말합니다. 프랭클은 인생이 자신에게 요구하는 것을 찾는 단서로 '세 가지 가치 영역'을 제시하는데, 이것이 바로 앞에서 한 번 언급했던 창조 가치, 경험 가치, 태도 가치입니다.

어떤 상황이 자기 기질에

맞는 사람은 행복하고,

어떤 상황에도 자신의 기질을

맞출 수 있는 사람은 훌륭하다.

영국의 철학자, 데이비드 흄

창조 가치란
무엇일까?

창조 가치란 뭔가를 수행할 때, 즉 활동하고 창조하는 행위를 통해 실현되는 가치를 뜻합니다. 가령 누군가가 스스로에게 주어진 과제에 몰두할 때 창조 가치가 실현된다고 말할 수 있습니다.

창조 가치를 실현하면서 어떤 일에 임할 때 우리는 이것이야말로 인생에서 자신이 해야 할 일이라고 느낍니다. 일종의 '보람 의식'을 갖게 된다는 얘기지요. 이러한 의식은 살아갈 의욕을 불러일으킵니다. 반드시 해내고 말겠다는 마음이 들게 합니다.

같은 일을 하더라도 마지못해 하는 것과 보람 의식을 가지고 하는 일의 결과는 하늘과 땅 차이입니다. 창조 가치를 실현하는

데 보람 의식이 중요한 이유입니다.

프랭클 심리학에서 일이란 그저 삶을 꾸려가는 돈벌이 수단이 아닙니다. 소중한 가치를 실현할 기회이지요. 물론 살아가려면 돈이 필요합니다. 돈을 벌려면 일을 해야 하고요. 그런 의미에서 보자면 일이란 돈을 위해 필요한 것이기도 합니다.

한번 생각해 봅시다. 우리는 인생의 상당 시간을 일에 할애하며 살고 있습니다. 그런데 일을 단순한 생계 수단으로만 삼는다면 너무 아까운 일 아닐까요? 물론 요즘 현대인은 다양한 라이프스타일을 갖고 있고, 생활에 필요한 최소 한도의 일만 하고 나머지 시간은 가족과 보내거나 취미 생활을 즐기는 분도 있을 것입니다.

그런 삶을 부정하는 것은 아닙니다. 인생을 의미 있게 살기 위해 각자 자신에게 맞는 라이프스타일을 찾으면 됩니다. 다만 인생의 상당 시간을 투자하고 막대한 에너지를 쏟는 일 자체를 귀중한 가치 실현의 기회로 삼을 수도 있다는 겁니다.

　　　　　　　　　마음이 소모되기 전에 생각할 것들

프랭클이 수용소에서
견딜 수 있었던 이유

일을 가치 실현의 기회로 삼은 대표적인 사례가 프랭클입니다. 그가 유대인이라는 이유로 나치의 강제수용소에 끌려간 일은 너무나도 유명합니다. 그 경험을 정신과 의사의 눈으로 그린 책 《죽음의 수용소에서》는 세계적인 베스트셀러가 되었으며, 특히 미국에서 폭발적인 인기를 얻었습니다. 1991년 미국 의회 도서관이 실시한 조사에서 '내 인생에 가장 많은 영향을 준 책' 베스트 10에 선정될 정도였지요.

정신과 의사라는 냉철한 시선으로 강제수용소 생활을 기록한 이 책은 의외로 산뜻한 여운을 선사합니다. 그것은 프랭클이 끔찍한 비극을 바라보면서도 인간 존엄성에 대한 믿음을 잃지 않았기 때문입니다. 아직 읽지 않은 분에게는 꼭 추천하고 싶습니다. 다음에 소개할 내용은 이 책에 기록된 체험담입니다.

주변 유대인들이 잇달아 수용소로 끌려가는 와중에 프랭클은 공포에 떨면서도 필사적으로 원고 집필에 매달렸습니다. 이때 그는 이미 자신의 학설을 완성했지만 아직 한 권의 책으로 묶어 출간하지는 못한 상태였지요.

'이대로 수용소에 끌려가 죽음을 맞이한다면, 내가 지금껏 혼신을 다해 완성한 학설은 세상 빛을 보지 못한 채 사라지고 만다. 학자로서 내 사명은 내 학설을 세상에 남기는 것. 그렇다면 어떻게든 살아서 내가 살았던 증거인 이 책을 완성해야 한다.'

아마도 프랭크는 이런 심정으로 절박하게 원고에 매달렸을 것입니다. 그러나 수용소로 끌려가는 날은 기어이 다가오고 맙니다. 프랭클은 소독장 막사에서 가진 것을 모조리 빼앗길 때도 원고를 코트 안감에 꿰매어 숨기는 등 끝까지 저항했습니다. 목숨만큼 중요한 원고를 무슨 일이 있어도 빼앗길 수 없었던 것이지요.

프랭클은 이후 저서나 인터뷰에서 가장 힘들었던 순간으로 '원고를 빼앗겼던 일'을 꼽았습니다. 나치는 끝내 원고를 빼앗았지만, 그의 머릿속에 있는 학설까지 빼앗지는 못했습니다. 그것은 자신이 학자로서 이 세상에 존재했다는 산 증거이자 세상에

마음이 소모되기 전에 생각할 것들

갓 태어난 자식과도 같은 존재였으니까요.

프랭클은 포로가 되고 발진티푸스에 걸려 40도 가까운 고열에 시달리면서도 포기하지 않았어요. 어느 포로 친구가 40세 생일 선물로 보내준 몽당연필과 또 다른 포로 친구가 훔쳐온 몇 장의 작은 종이에 속기용 기호로 원고를 적어 내려가기 시작했지요.

실로 놀라운 집념입니다. 데뷔작을 어떻게든 세상에 내놓고 싶다는 학자로서의 집념이 수용소에 갇힌 신분임에도 프랭클에게 살아갈 의욕을 불러일으킨 셈입니다. 그에게는 원고를 완성하는 것이야말로 창조 가치, 다시 말해 세상에서 반드시 해야 할 사명이었으니까요.

누군가는 프랭클이 악명 높은 아우슈비츠 수용소에 끌려가서도 살아남았다는 점을 들면서 그를 지독한 이기주의자로 매도하기도 합니다. 하지만 이는 엄청난 오해입니다. 프랭클이 살아남을 수 있었던 건 자기 책을 출간하고야 말겠다는 강한 집념 덕분이었지 동료를 배신해서가 아니었으니까요.

1945년 4월 27일, 수용소에서 풀려난 프랭클에게 누군가 라디오와 타자기를 주면서 일터로 복귀하기 위한 논문을 쓰라고 권합니다. 그는 이 타자기를 이용해 아우슈비츠에 끌려가기 전 뺏겼던 원고를 다시 작성하는 데 심혈을 기울이지요.

그렇게 몇 달이 지나고 프랭클은 적십자를 통해 아버지는 테

레존스타트 수용소에서, 어머니는 아우슈비츠 가스실에서, 그리고 사랑하는 아내는 베르겐벨젠 여자수용소에서 목숨을 잃었다는 충격적인 소식을 듣습니다. 감당하기 힘든 고통을 극복하기 위해 그는 더욱 절박하게 원고 집필에 매달립니다.

그리하여 수용소에서 풀려난 이듬해인 1946년, 그토록 염원하던 데뷔작《영혼을 치유하는 의사》가 출간되면서 자신의 학설을 처음으로 세상에 알렸습니다. 첫 작품이 출간되기 무섭게 프랭클은 곧바로 다음 저서 집필에 착수합니다. 세계적인 베스트셀러가 된 수용소 체험기인《죽음의 수용소에서》를 단 일주일 만에 써내지요. 그 후에도 계속 책을 집필했고 수용소에서 풀려난 뒤 2년(1946~47년) 동안 무려 여섯 권의 책을 세상에 내놓았습니다.

자신만의 연구 결과를 세상에 내보이겠다는 집념이 드디어 결실을 맺은 것입니다. 그 어떤 고통과 절망도 그의 의욕과 집념을 꺾지는 못했습니다.

마음이 소모되기 전에 생각할 것들

나만이 할 수 있는
일이라는 생각

프랭클의 사례를 들면 누군가는 이렇게 생각할지도 모릅니다. '대단한 학자라면 그런 마음이 들 수도 있지. 하지만 난 프랭클처럼 특별한 사람이 아닌걸. 높은 지위에 있지도 엄청난 재능이 있지도 않아. 앞으로 책을 쓸 일도 없을 테고. 이렇게 평범하기 그지없는 내가 어디서 창조 가치를 찾는단 말인가.'

프랭클의 책이나 강연을 듣고 이렇게 생각하는 사람이 꽤 있었는지, 실제로 어느 청년은 프랭클에게 다음처럼 물었다고 합니다.

"선생님은 상담소를 열어 수많은 사람의 고민을 들어주고 도와주고 계십니다. 선생님이 하시는 일에 의미가 있고 창조 가치가 있고, 그것이 인생의 사명이라고 생각하실 테지요.

하지만 저는…… 제 직업이 뭐라고 생각하세요? 전 한낱 옷 가게 점원에 불과합니다. 누구나 할 수 있는 일이지요. 저 같은 사람은 대체 어떻게 해야 의미 있는 인생을 살 수 있나요?"

프랭크는 이 청년에게 담담한 말투로 다음과 같이 답합니다.

"창조 가치에서 중요한 건 일의 내용이나 활동 반경이 아닙니다. 자신에게 주어진 일을 얼마나 제대로 하는지, 자신의 사명을 얼마나 충실히 이행하고 있는지가 중요해요. 아울러 어떤 일을 하든 그 일은 그 사람에게만 주어진 일이고, 그 사람이 해내기를 기다리고 있습니다. 어떤 일이든 그 사람에게 부여된 일은 그 사람밖에 할 수 없습니다."

그렇다면 생각해 봅시다. 우리는 이 옷 가게 점원에게 어떤 말을 해 줄 수 있을까요? 우선 옷을 사는 고객의 입장이 되어 볼수 있겠죠. 옷 가게 점원은 손님에게 어울리는 옷을 찾아서 이미지를 보기 좋게 연출하거나 혹은 과감하게 이미지를 변신시켜 줄 수 있습니다. 말하자면 인생을 연출하는 즐거움을 고객에게 전달하는 셈이지요. 어떤가요? 이 정도면 훌륭한 창조 가치를 지닌 의미 있는 일 아닐까요?

최근 화장품 회사의 광고를 보면 '당신의 피부 고민, ○○이 도와드립니다'와 같은 느낌의 문구를 자주 볼 수 있습니다. 그럴

마음이 소모되기 전에 생각할 것들

때마다 상담가 입장에서 이 화장품 회사에 친근감이 듭니다. 화장품을 영업하는 분도 저와 비슷한 보람을 느끼지 않을까 싶은 생각도 들거든요.

여성은 화장하는 방법을 조금만 바꿔도 이미지가 많이 달라지는 일이 많습니다. 남의 눈에 비치는 이미지가 달라질 뿐만 아니라 당사자도 거울을 통해 달라진 모습을 확인하면 스스로 자존감이 높아지는 경우도 있지요.

고객에게 맞는 화장품을 찾아서 고객에게 어울리는 연출법을 조언하는 일은 한 사람의 삶 자체를 바꿀 힘을 가지고 있습니다. 훌륭한 보람을 가진 창조 가치인 셈이죠.

걷지 않고는

아름다운 길을 발견할 수 없다.

미국의 시인, 헨리 데이비드 소로

보람은 이것을
인정받을 때 생긴다

평범하게 하는 일 속에서도 가치를 발견한다면 우리는 보람을 느끼며 긍정적인 자세로 임하게 됩니다. 유감스럽게도 많은 사람이 자신이 하는 일이 가진 본연의 가치를 놓치고 살아갑니다. 자신이 하는 일은 누구나 할 수 있고 의미가 없다고 생각하죠.

그렇게 생각하면서 일을 한다면 어떻게 될지 상상해 보세요. 의욕은 사라지고 불성실하고 무기력한 모습을 보게 된 상사에게 미운털이 박히고, 상사의 못마땅한 시선을 느낀 당사자는 더욱 위축되고 일할 의욕을 잃어버리는 그야말로 악순환에 빠지고 말 것입니다.

어떻게든 이 악순환의 고리를 끊어야 합니다. 스스로 끊을 수 있다면 더할 나위 없이 좋겠지요. 그동안 별생각 없이 반복적으로 하던 일에서 본래의 창조 가치를 깨닫고 그 일에 더욱 진지하고 성실하게 임하는 것입니다.

마음이 소모되기 전에 생각할 것들

과감하되,
무모하지는 마라

아무리 노력해도 지금 하는 일에 도저히 가치(보람)를 느낄 수 없다면 과감히 다른 일을 찾아보는 것도 방법입니다. 단, 누가 봐도 무모해 보이는 모험은 피해야 하겠지만요.

예전에 영국과 미국에서 1년간 유학할 기회가 있었습니다. 그곳에서 만난 사람들은 지금까지 삶을 포기하고 더 보람 있는 일을 하고자 공부를 시작한 경우가 많았습니다. 대부분 20대 후반에서 30대 초반의 전직 공무원이나 대기업 직원 출신이었지요.

어느 일본 유학생에 따르면, 회사에 다닐 때는 밤낮으로 업무에 몰두하고 인간관계도 신경 쓰느라 심신이 지칠 대로 지쳐버렸다고 합니다. 우여곡절 끝에 임원으로 승진하는 사람은 천 명의 동기 중 단 두세 명에 불과했죠. 운 좋게 임원이 되더라도 작은 톱니바퀴가 큰 톱니바퀴로 바뀔 뿐, 회사라는 조직의 소모품이라는 사실은 달라지지 않았다고 해요.

일류 대학 출신으로 30대 초반인 회사 동료들은 대부분 회사를 그만두고 싶어 한다고 하더군요. 퇴사 후 학원이나 서점을 차리는 등 소규모 자영업을 꿈꾸는 경우도 있고요. 미혼이라면 과감히 결단을 내리기도 좋을 것입니다. 하지만 결혼했거나 아이라도 있으면 얘기가 달라져요. 심지어 대출받아서 아파트를 샀다면? 내키지 않아도 회사를 그만두기 어려울 거예요.

다행히 그 유학생은 미혼이었습니다. 어차피 인생 대부분을 일하는 데 바쳐야 한다면 이런 일은 그만두어야겠다고 다짐했다고 합니다. 과감히 사표를 쓰고 개발학을 공부하기 위해 영국으로 향했습니다. 직장인으로 살다 보면 아무래도 눈앞의 일에만 급급해 시야가 좁아지기 쉽습니다. 우물 안 개구리처럼 회사라는 세계에 자신을 가두어 버리죠. 그러나 시야를 조금만 넓혀서 밖으로 눈을 돌리면 자신이 도움이 될 만한 일은 얼마든지 있습니다. 보람 있는 일을 찾고자 한다면 시야를 넓혀 보세요.

다른 사례도 소개합니다. 간호사로 일하던 한 여성이 아무래도 보람을 느낄 수 없어 직장을 그만두고 예전부터 좋아하던 판토마임을 시작했습니다. 그러던 어느 날 우연히 NGO(국제 비정

마음이 소모되기 전에 생각할 것들

부기구)가 라오스의 작은 마을에서 사람들에게 위문공연을 하지 않겠냐고 제안했습니다. 처음엔 탐탁지 않았지만 망설임 끝에 제안을 받아들입니다. 그런데 이게 웬일인가요? 마을에서 판토마임을 선보이자마자 그야말로 대성공을 거두었습니다. 덕분에 그때까지 지지부진하던 NGO의 지원 프로그램도 일사천리로 진행되기 시작했다고 합니다. 그는 일약 아이들의 스타가 되었고 이후 NGO의 일원으로 몇 번이나 라오스를 찾았습니다. 지금은 스스로 발 벗고 후원자를 찾아 나설 만큼 적극적으로 변했다고 합니다.

이 이야기를 들려준 그의 친구는 놀라워합니다. 보람 없이 무미건조하게 간호사 일을 하던 시절과는 비교도 하지 못할 만큼 지금의 그는 반짝반짝 빛나고 활기가 넘친다면서요. 중요한 것은 처음 NGO가 요청했을 때, 내키지 않았음에도 용기 내어 요청을 받아들이고 실행했다는 사실입니다. 기회가 왔을 때 앞으로 내딛는 용기야말로 인생을 변화시키는 소중하고 대단한 첫걸음입니다.

• 빅터 프랭클처럼 나를 돌아보기 ①
....

이번 장을 마무리하면서, 나만의 창조 가치를 어디서 찾을 수 있는지 알아
봅시다. 다음 질문을 스스로에게 던지고 답을 적어 보세요.

1. 우리가 평소 하는 일에는 큰 가치가 숨어 있는 경우가 있습니다. 당
   신이 평소 하는 일에 어떤 가치가 있나요? 그것은 누구에게, 어떤
   형태로 도움이 되고 있나요?

2. 당신이 하는 일에는 평생에 걸쳐 몰두할 만한 주제가 있나요? 만약
   있다면 그것은 무엇인가요? 지금 하는 일에 그런 주제가 없다면 상
   상해 봐도 좋습니다. 당신이 앞으로 인생에서 이루고 싶은 일의 주
   제는 무엇인가요?

　　　　　　　　　　　　　　　　　마음이 소모되기 전에 생각할 것들

3. 지금 하는 일이 만족스럽지 않고 보람도 느끼지 못하나요? 만일 지금 하는 일을 그만둔다면 어떤 일을 하고 싶나요? 또, 그 일에서 어떤 가치(일하는 보람)를 찾을 수 있을까요?

4. 다른 나라 사람이나 미래 세대에게 도움이 될 만한 일도 좋습니다. 좀 더 시야를 넓혀 보세요. 자신이 누군가에게 도움이 되고 보람을 느끼는 일은 무엇일까요?

제6장

좋은 관계를
맺기 위해 생각할 것

실전2: 체험 가치 실현하기

체험 가치란
무엇일까?

프랭클이 인생의 의미를 발견하기 위해 던지는 두 번째 질문, 그것은 "당신을 진정으로 필요로 하는 사람이 누구인가, 당신은 그를 위해 무엇을 할 수 있는가?"입니다.

인간이란 본래 혼자서 살아갈 수 없는 존재입니다. 사람과 사람과의 관계가 인간 존재의 본질이지요. 우리는 누군가의 관계 속에서 살아갈 기쁨을 느낍니다. 여기에는 몇 가지 전제가 있습니다.

첫 번째는 모든 사람에게는 자신을 진정 필요로 하는 누군가가 반드시 있다는 것, 그리고 그 누군가를 위해 할 수 있는 일이 반드시 있다는 것입니다. 나를 필요로 하는 누군가가 어딘가에 있고 그 누군가를 위해 내가 할 수 있는 일이 있다는 생각이 들 때 우리는 살아갈 의욕을 강렬하게 느낍니다.

두 번째는 나를 진정 필요로 하는 그 누군가의 기쁨은 곧 내 기쁨으로 이어진다는 겁니다. 누군가가 기뻐하는 모습을 볼 때 상대가 왜 기뻐하는지 이해한다는 뜻이 아닙니다. 누군가가 기뻐하는 것 자체로 자신도 기뻐지는 겁니다. 특히 그 기쁨에 내가 도움이 되었다면 기쁨은 한층 커지지요.

이처럼 타인과의 관계에서 실현되는 가치를 두고 프랭클은 체험 가치라고 부릅니다. 그런데 이 체험 가치는 사람과 사람과의 관계 속에서만 실현되는 건 아닙니다. 자연을 마주할 때나 예술 작품을 감상할 때도 체험 가치를 실현할 수 있거든요.

퇴근하고 붉게 타오르는 저녁노을을 바라보며 감탄할 때, 알프스 고산에 올라 눈앞에 펼쳐진 풍경에 감동할 때, 콘서트홀에서 연주를 들으며 등골이 오싹할 만큼 전율을 느낄 때……. 프랭클은 말합니다. 이런 순간에 누군가 인생에 의미가 있냐고 묻는다면 대답은 단 하나, "오직 이 순간을 위해 태어났다고 해도 좋다"라는 말뿐이라고요.

이것은 살면서 우리가 느낄 수 있는 궁극의 몰입 체험입니다. 매슬로는 이를 '절정 체험(peak experience)'이라고 일컬었습니다. 그에 따르면, 여러 가지 절정 체험 중 가장 일반적인 건 출산할 때 느끼는 체험과 오케스트라의 교향곡에 심취하는 경험이라고 하네요.

프랭클의 경우를 보자면, 그는 암벽 등반에 푹 빠져 있었습니다. 고령이 되어서도 산에 오를 정도였지요. 등반하면서 얼마나 희열을 느꼈으면 알프스 고산에 오르는 체험을 절정 체험의 사례로 들기도 했지요. 그는 국제 학회에서도 자신이 산을 타는 모습을 찍은 슬라이드를 보여 주며 "인생은 등산과 비슷하다"라는 어록을 남기기도 했습니다. 알프스에 있는 두 등산로에는 첫 등반가인 프랭클 이름을 따서 '프랭클 등산로'라는 이름이 붙여졌다고 합니다. 이런 사실만 봐도 그가 얼마나 열정적으로 등산에 몰두했는지 엿볼 수 있지요.

아쉽지만 저는 등산에 취미도 없고 교향곡도 잘 모릅니다. 남자라서 출산할 일도 없고요. 그렇다면 저에게 절정 체험은 무엇일까요? 생각해 보면 몇 번의 연애 경험을 통해 '아, 이 순간을 위해서라면 죽어도 좋다'라는 감정을 느낀 적이 있어요.

프랭클의 체험 가치는 연애부터 예술, 자연에 이르기까지 상당히 폭넓은 개념입니다. 하지만 범위가 너무 넓어지면 자칫 산만해질 수 있으니 여기서는 사람과 사람의 관계 속에서 느끼는 체험에 국한해서 이야기해 보겠습니다.

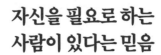

자신을 필요로 하는
사람이 있다는 믿음

첫 번째 사례는 프랭클이 나치 수용소에서 겪은 체험입니다. 그는 나치 수용소에 있으면서 인간이 살아가려면 '시간 의식'이라는 게 필요하다는 사실을 깨닫습니다.

어느 날 크리스마스가 지나면 모두 석방될지도 모른다는 소문이 수용소에 돌았습니다. 가혹한 노동과 열악한 음식으로 체력이 바닥날 대로 바닥나 버린 포로들은 이를 악물고 크리스마스까지 끔찍한 수용소 생활을 견뎌 냅니다. 그리고 마침내 다가온 크리스마스. 하지만 바라던 석방은커녕 아무 일도 일어나지 않았습니다. 그들은 어떻게 되었을까요? 전날까지도 '크리스마스까지만!'이라고 버티던 사람들이 한꺼번에 살아갈 의지를 잃고 죽어갑니다.

이 에피소드는 우리에게 다음과 같은 교훈을 가르쳐줍니다. 인간이 의욕을 가지고 살아가기 위해서는 시간 의식, 특히 미래에 대한 희망이 필요하다는 사실입니다.

크리스마스가 지나고 절망에 휩싸인 어느 날 밤, 프랭클에게 두 명의 포로가 찾아옵니다. 이대로 살다가는 굶어 죽거나 병들어 죽거나 잔인하게 살해당할 텐데 그럴 바에야 차라리 스스로 목숨을 끊고 싶다고 토로하지요.

프랭클은 그들과의 대화에서 다음과 같은 사실을 발견합니다. 그들 중 한 명은 학자로 자신이 편집자로 참여한 지리서 시리즈를 완성해야 했습니다(이는 앞에서 설명한 창조 가치에 해당합니다). 다른 한 명은 외국에 사는 딸이 그가 수용소에서 풀려나기를 오매불망 기다리고 있었고요. 프랭클은 이 사실을 상기하면서 두 사람을 설득했고, 결국 그들은 자살할 마음을 거두고 살아갈 의욕을 되찾았다고 합니다. 체험 가치가 삶의 의지로 이어진 사례라 볼 수 있습니다.

삶의 원동력을
이것 하나로 채울 수 있다

이와 같이 '나를 필요로 하는 누군가가 있다'라는 의식은 하루 하루를 충실하게 살아갈 원동력이 됩니다. 제게 프랭클 심리학을 가르쳐 주신 선생님에게 들은 이야기를 소개합니다.

어느 할머니가 시한부 판정을 받았습니다. 여생이 얼마 남지 않았다고 생각한 그는 점차 괴팍하게 변해 갔고, 병문안 온 가족이나 담당 간호사에게 함부로 대하기 시작했어요. 어차피 조만간 죽을 테니 그 전까지는 자기 기분을 맞춰 주며 떠받들라는 식이었습니다. 용모에도 신경을 쓰지 않게 되면서 산발 머리와 푸석푸석한 얼굴에 옷차림도 꾀죄죄한 채로 생활했다고 합니다.

그러던 어느 날, 문득 창밖을 내다보는데 우울하기 그지없는 직장인들 모습이 눈에 들어왔습니다. 그 순간 그는 깊은 생각에 사로잡힙니다. 인생에 절망하는 사람이 자신만이 아니라는 사실을 깨달았지요.

다음날부터 할머니는 간호사의 도움으로 화장하고 단정한 옷차림으로 휠체어에 몸을 의지한 채 밖으로 나갔습니다. 그리고 출근하는 직장인 한 명 한 명과 눈을 마주치며 "잘 다녀오세요"라고 웃으며 인사를 건넸다고 합니다. 처음에는 무슨 영문인지 몰라 어리둥절하던 직장인들도 시간이 지나자 웃음 띤 얼굴로 인사를 했습니다. 어두운 그늘이 가득하던 직장인들 얼굴에 웃음이 번지는 것을 볼 수 있었지요.

그들이 웃는 게 너무 기뻐서 할머니는 아침마다 밖에 나가 인사를 했습니다. 아침 인사로 삶의 보람을 느낀 그는 의사의 예상보다 3개월 넘게 더 살았다고 합니다. 남을 기쁘게 하는 일이 살아갈 보람이 되고 기쁨이 되었음을 보여주는 사례이지요.

우리의 지친 몸을 추스르고

일상의 피로에서 벗어나도록 도와주는 것은

거창한 쾌락이 아닌 사소한 즐거움이다.

독일의 소설가, 헤르만 헤세

부정적인 자기 이미지
바꾸는 법

다음은 청소년이 그릇된 길로 빠지는 흔한 경우입니다.

아버지는 일하느라 밤늦게나 돌아오고 자식 일은 아내에게 미룬 채 무관심합니다. 어머니는 공부하라고 귀에 못이 박히도록 잔소리만 하고요. 처음에는 어머니를 생각해서 열심히 공부했지만, 아무리 노력해도 기대치를 충족시키기 힘듭니다. 돌아오는 말이라고는 "아직 부족해. 좀 더 노력해야지" 같은 말뿐이다 보니 아이는 점차 공부에 흥미를 잃어 갑니다.

그러다 우연히 동네 친구의 꼬임에 넘어가 가게에서 물건을 훔치기 시작합니다. 아버지의 무관심과 어머니의 공부 스트레스로 우울감 가득한 마음에 도둑질을 해방구로 삼은 거지요.

잠깐의 일탈로 끝났다면 좋았겠지만 아이는 도둑질한 사실을 들킵니다. 선생님과 부모님에게 문제라는 낙인이 찍히고 말지요. 어른들은 늘 자신을 의심의 눈초리를 바라봅니다. 아무도 자기를 믿어 주지 않는다는 절망감에 빠져 자포자기 심정으로 탈선의 길에 접어들기 시작합니다.

C는 위와 비슷한 경우에 해당하는 비행 청소년이었습니다. 자신을 구제 불능 인간이라 여기며 일탈을 저지르다 우연한 기회에 어린이들만 있는 시설에서 자원봉사를 하게 되지요. 처음에는 마지못해 나갔지만 막상 시설에 가 보니 놀아 달라며 달려오는 아이들이 귀엽게 느껴졌습니다. 자신이 올 때마다 열렬히 반기는 아이들 모습을 보고 감동한 C는 점점 달라졌고 이후로 성실한 학생으로 돌아갔다고 합니다.

원래 C는 주변 어른들에게 신뢰받지 못했습니다. '너는 이 세상에 필요 없는 존재다'라는 부정적인 메시지를 줄곧 받아왔지요. 그것이 '어차피 나 같은 거 누구도 필요로 하지 않는다'라는 부정적인 자기 이미지로, 더 나아가 우울증과 불량한 행동으로 이어진 거예요. 하지만 자원봉사를 하려고 찾아간 시설에서 아이들이 따뜻하게 맞이해 주자 그는 달라집니다. '나를 필요로 하는 사람이 있다'라는 사실을 깨닫게 된 거예요.

그러한 경험을 거듭하면서 그의 자아상은 180도 바뀝니다. '누

마음이 소모되기 전에 생각할 것들

구에게도 환영받지 못하는 필요없는 존재'에서 '다른 사람이 필요로 하고 좋아하는 존재'로요. 이러한 자기 긍정감이 그를 변화시키고 더 나아가 그의 인생을 변화시킨 겁니다.

또 다른 비행 청소년이었던 D 역시 노인시설에서 게이트볼 코치로 자원봉사를 하면서 '나를 이렇게 필요로 하고 좋아해 주는 사람이 있구나'를 실감하고 예전의 평범했던 학생으로 돌아가기도 했다고 합니다.

굳이 자원봉사가 아니라도 좋습니다. 학교 행사나 동아리 활동에서 내가 친구들에게 필요한 존재이고 친구들에게 도움이 된다고 느끼는 체험은 아이를 변화시킵니다. 평소에는 별로 눈에 띄지 않고 '나란 존재는 이 반에 있으나 마나 한 존재다'라고 여기는 아이가 축제나 운동회 같은 행사에서 의외의 활약을 하게 되면 자신도 반에서 필요한 존재임을 깨닫습니다. 이는 자기 긍정감이 높여서 아이를 변화시키지요.

자신만이 할 수 있는 임무를 부여받는 것도 자기 긍정감을 높여 주는 요소입니다. E는 툭하면 학교를 빠지고 어쩌다 나온 날도 보건실에서 시간을 보내는 초등학교 2학년 여학생이었습니다. E가 교실로 돌아오기를 바란 담임 선생님은 그에게 좋아하는 동물이 뭐냐고 물었습니다. 거북이를 좋아한다는 대답이 돌아오자 담임 선생님은 반에서 거북이를 키우기로 하고 E를 거북이 사육사로 임명했지요.

그렇게 E는 거북이를 돌보기 위해 교실로 돌아옵니다. 심지어 토요일이나 일요일에도 학교를 나올 정도로 거북이에 정성을 쏟았습니다. 나를 필요로 하는 사람이 있다, 아니 나를 필요로 하는 거북이가 있다는 생각이 E가 교실에 한 발 내디딜 용기를 준 셈입니다.

가족만큼
'훌륭한 관계'는 없다

'나를 필요로 하는 사람이 있다. 나를 기쁘게 해 주는 사람이 있다.'

이런 마음이 살아갈 기쁨을 주고 삶의 에너지가 됩니다. 그렇게 생각하다 보면 자연스럽게 떠오르는 것이 가족이지요. 희로애락을 함께 하는 가족, 부부나 부모 자식만큼 서로를 필요로 하고 상대의 기쁨을 곧 자신의 기쁨이 되는 관계가 있을까요?

저에게는 유키라는 딸이 하나 있습니다. 지금은 벌써 스물일곱 살이지만 어렸을 적에는 눈에 넣어도 아프지 않을 만큼 귀엽고 사랑스러웠답니다. 세상 부모들이 왜 자식 바보가 되는지 이해가 가더군요.

유키가 막 첫걸음마를 떼기 시작했을 때가 아직도 생생합니다. 아직 몸을 제대로 가누지 못해 뒤뚱거리며 넘어질 듯 말 듯 걸음마를 했지요. 기분이 좋을 때는 저를 보고 활짝 웃으며 온 힘을 다해 달려오기도 했습니다. 그런 유키를 끌어안을 때 느껴지는 벅찬 행복감은 그 무엇에도 비할 바가 없었지요. 아이의 미소는 그 자체로 저의 기쁨이었습니다. 가족들에게 지극정성인 사람들의 마음이 십분 이해되는 순간이었습니다.

가족만큼
'어려운 관계'도 없다

가족만큼 상대의 기쁨이 그대로 자신의 기쁨이 되는 관계는 없다고 했습니다. 하지만 한번 어긋나면 가족만큼 회복하기 어려운 관계도 없습니다. 왜일까요? 가족이란 매일 함께 생활하는 가까운 관계이기에 서로 적절한 마음의 거리를 두기 어렵기 때문입니다.

복지시설에 자원봉사를 하러 가서 노인들을 돌보는 사람도 정작 함께 사는 부모님은 나 몰라라 한다는 이야기를 종종 듣습니다. 언뜻 모순처럼 들리지만 이해하지 못할 일도 아니에요. 이런 사연도 있습니다. 평소에는 자기 할머니를 무시하고 귀찮아하는 중학생이 자원봉사 하러 간 경로당에서 우연히 할머니를 마주쳤습니다. 그곳에서는 할머니를 매우 정성스럽게 보살펴서 할머니가 감격의 눈물을 흘릴 정도였지요. 하지만 집에 와서는 언제 그랬냐는 듯 예전처럼 할머니에게 무뚝뚝하게 굴었다고 합니다.

사람은 적당한 마음의 거리가 있어야만 상대와 호감을 주고받기 마련입니다. 하지만 가족 사이에서는 현실적으로 그러기가 어렵지요. 그래서 사소한 갈등이 생겼을 때 제대로 대처하지 않으면 점점 관계가 틀어져서 최악의 상황으로 치닫는 일이 자주 일어납니다.

특히 어려운 경우가 부부관계와 부모 자식 관계입니다. 어머니가 찾아와 자녀에 대해 상담하다 보면 결국 부부 문제로 거슬러 올라가는 일이 많습니다. 이를테면 등교 거부 자녀 때문에 온 사람도 상담하는 과정에서 스스로를 들여다보고 진짜 문제는 자녀가 아니라 부부관계에 있다는 것, 아이의 등교 거부는 부부관계의 문제에서 비롯된 것임을 깨닫게 되지요. 그러면서 "사실 지금은 아이 때문에 참고 살지만 아이가 대학에 들어간 이후에는 이혼할 생각이에요"라며 속내를 털어놓기 시작합니다.

저는 상담 기관에서 '인카운터 그룹'이라는 자유로운 대화의 자리를 마련하고 있는데, 이곳에 참여한 사람들은 자신의 삶을 돌아보며 허심탄회한 대화를 나눕니다. 회원들은 40대가 넘은 여성들이 대부분이고 가장 많이 등장하는 주제는 부부 갈등입니다.

"지금까지 우리 부부는 나름대로 괜찮은 사이라고 생각해 왔어요. 하지만 이제 보니 속이 텅 빈 허울뿐인 관계임을 깨달았습니다. 이제 저는 어떻게 해야 하나요?"

이 깨달음 자체는 매우 훌륭합니다. 이를 계기로 그동안 어긋난 상태로 이어온 부부관계를 개선할 수 있으니까요. 문제는 관계 개선이 좀처럼 쉽지 않다는 거죠.

예컨대 부부가 진지한 대화를 나누다가 반론이라도 할라치면 남편이 감정적으로 폭발해서 자리를 박차거나 소리를 지릅니다. 이래서야 대화를 해 봤자 관계가 더 악화될 뿐이에요. 이런 부부는 살면서 진지하게 대화를 나눈 적이 손에 꼽을 만큼 드물었을 겁니다. '허울뿐인 관계'라고 느껴도 이상한 일이 아니지요.

모임에서 배운 상담 기술을 활용해 관계를 개선해 보려고 노력해도 참 녹록지 않습니다. 간혹 약간의 힌트만으로도 부부관계가 달라지는 기적도 일어나지만, 50대를 넘긴 부부라면 이미 관계가 굳어져 버려 여간해서는 달라지지 않습니다. 조금 달라진 듯 보여도 시간이 지나면 금방 예전처럼 돌아가기 일쑤지요.

이런 일이 반복되다 보니 60세가 되어갈 즈음, 소위 말하는 '황혼 이혼'을 결심하는 사례가 속출합니다. 정년퇴임까지 인내하며 지내다 퇴직금이 들어오면 인생을 새롭게 시작하겠다는 사람도 많고요.

쓸쓸하지만 이것이 현실입니다. 안타까운 것은 아내가 부부관계를 고민하며 앞날에 대해 이런저런 생각을 하는 데 반해 남편은 아내가 어떤 생각을 하는지 꿈에도 모른다는 거예요. 아내가 오랜 고민 끝에 이혼 얘기를 꺼내면 남편은 깜짝 놀라 충격에 빠지곤 하죠.

마음이 소모되기 전에 생각할 것들

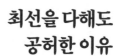

최선을 다해도
공허한 이유

관계 개선을 위해 찾아온 중년 부부들의 고민을 듣다 보면 저도 모르게 탄식이 나옵니다. 대체 남편들은 왜 아내가 하는 말을 제대로 듣지 못할까요?

그들은 아내와 대화 자체를 하려 하지 않습니다. 일상적으로 필요한 얘기는 할 수 있어도 마음을 주고받지는 못해요. 아내가 불편한 점을 지적하면 발끈하며 소리를 지르거나 그 자리를 피해 버리는 게 고작입니다. 상대가 하는 이야기를 제대로 듣고 마음을 공감해 주는 능력이 턱없이 부족해요. 분노에 차올라서 폭력이나 휘두르지 않으면 다행이지요.

여성들이 너무 자신만 희생하려 드는 것도 문제입니다. 무턱

대고 가정을 위해 헌신하죠. 자녀를 위해, 남편을 위해 노력하지만 정작 '나'는 없어요. 이따금 '난 왜 남을 위해서만 살아야 하나' 하는 회의감이 몰려오지만 '남편이나 자식을 위해 노력하는 일이 나를 위한 일이기도 하다'라며 애써 스스로를 합리화합니다. 그러다 보면 남편과 자식들도 어느새 아내나 어머니가 헌신하는 걸 당연시 여기지요.

그렇게 아내는 묵묵히 남편과 자식들을 위해 최선을 다합니다. 그러다 아이들이 성인이 되어 독립하고 남편도 정년을 맞이할 무렵이 되면 비로소 '그동안 내 인생은 뭐였지. 난 나를 위해 아무것도 한 게 없어. 난 그저 이 집의 가정부일 뿐이었나'라는 생각이 들면서 인생이 공허해지고 우울해지지요.

그토록 헌신했건만 아이는 제멋대로 굴고 남편은 아내를 종처럼 부립니다. 모든 것을 다 해 주니 아이나 남편 모두 자기 손으로 아무것도 못 하는 의존적인 인간이 되어버립니다.

가정을 위한다며 자신을 희생한 결과는 이럴 때가 많습니다. 오랜 시간 자기 존재감을 잃어버린 채 살아왔더니 인생이 허무합니다. 그것이 차마 자기 잘못이라 인정할 용기는 없어 타인의 탓으로 돌리는 악순환의 반복, 이것은 절대 프랭클 심리학이 말하는 체험 가치가 아닙니다.

마음이 소모되기 전에 생각할 것들

나를 뛰어넘기
위한 과제

　누군가를 위해 무조건 희생하는 마음과 상대의 기쁨이 곧 자신의 기쁨이 되는 마음은 어떻게 다를까요?

　여기에 답하기 위해 트랜스퍼스널 심리학에서 사용하는 프리퍼스널(prepersonal), 퍼스널(personal), 트랜스퍼스널(transpersonal)이라는 세 가지 개념이 유용합니다.

　프리퍼스널이란 아직 '나'를 확립하기 이전, 타인과의 관계나 집단에 지배당하는 상태입니다. 이 단계에 있는 사람은 아직 나라는 게 없는 상태에서 오직 상대나 집단을 위해 모든 것을 헌신하려 듭니다. 사이비 종교 집단에 빠져 가정을 파탄 내고 재산을 교단에 갖다 바치는 신도가 프리퍼스널의 전형이지요.

퍼스널이란 상대나 집단에 대한 지배에서 벗어나 나를 확립한 상태입니다. 많은 사람에게는 이 단계로 이행하는 것이 여전히 큰 과제지요.

트랜스퍼스널이란 나를 확립한 사람이 이를 초월해서 타인이나 집단 혹은 사회를 위해 공헌하는 상태입니다. 자신을 넘어선 더 큰 세계와의 연결에 눈 뜨고, 그 관계를 소중히 여기며 살아갑니다.

애석하게도 수많은 사람이 '나'조차도 확립하지 못한 프리퍼스널 단계에 머물러 있습니다. 프리퍼스널 상태인 사람이 프랭클이 말하는 "남의 기쁨이 곧 나의 기쁨"을 잘못 이해하면, 오히려 지배당하고 착취당하는 상태를 합리화하며 나를 영영 잃어버릴 위험이 있습니다. 프리퍼스널 단계에 머물러 있는 사람은 프랭클의 책을 읽을 때 이 점을 반드시 유의해야 합니다.

명심하세요. 프랭클 심리학의 체험 가치는 나를 이미 확립한 사람이 자신만을 위해 사는 것을 뛰어넘고자 할 때 필요한 과제입니다. 프리퍼스널 단계에 머물러 있는 사람이라면 우선 나를 확립하는 것부터 시작해야 합니다.

마음이 소모되기 전에 생각할 것들

화가 나는 매 순간마다
60초의 행복을 잃게 된다.

미국의 사상가, 랄프 왈도 에머슨

관계에서 가장 중요한
세 가지 조건

　상담을 통해 현대 가족의 어두운 민낯을 목도한 저는 학생들에게 입버릇처럼 말합니다. "지금 너희들에게 가장 중요한 일은 서로를 소중히 여기는 상대를 찾는 것이다. 그러니 그런 상대를 찾기 위해서 경험을 많이 쌓아 보렴."

　저는 학생들이 아르바이트하느라 세미나나 상담에 빠지는 건 허용하지 않지만 연애 문제로 빠지는 건 눈감아 줍니다. 소중한 사람을 찾고 관계를 이어가는 일이 중요하다는 것을 알아주기를 바라거든요.

　하지만 학생들의 이야기를 들어보면 요즘 남녀 관계는 우리 시절과 그다지 변하지 않았음을 실감할 때가 많습니다. 젊은 커

플들 사이에도 여전히 여성을 통제하려고 드는 남성이 많고 이런 남성을 '남자답다'라며 좋아하는 여성이 여전히 많은 걸 보면 놀라울 따름이지요.

남성 입장에서는 여성을 자기 뜻대로 쥐락펴락해야 능력 있는 남자가 되고, 여성 입장에서는 남성에게 고분고분 따라야 착한 여자가 된다고 생각하는 경향이 있습니다. 사회가 예전과 많이 달라졌다고는 해도 여전히 남자의 삶에 예속당해 상대만을 위해 살아가기를 바라는 어린 소녀들이 많다니 안타까운 노릇입니다.

물론 어떤 이성을 좋아할지는 자유입니다. 제 생각을 억지로 강요할 생각은 추호도 없어요. 다만 이 점만은 알아주었으면 합니다. 이성적 끌림, 성적 매력뿐만 아니라 '함께 있으면 안심하는 사람', '내 말을 경청하고 이해해 주는 사람', '인간 대 인간으로서 서로를 소중히 여기는 상대'야말로 가장 건강하게 남녀관계를 맺을 수 있는 상대라는 것을요.

이 장을 마무리하면서 나만의 체험 가치는 어디에서 찾을 수 있는지 찾아봅시다. 다음 질문을 스스로에게 던지고 답을 적어 보세요.

1. 당신이 평소에 만나는 사람들, 가족이나 동료, 연인, 친구 등 사람들과의 관계에 어떤 가치가 있나요? 그것은 누구에게 어떤 형태로 도움이 되고 있고, 당신은 그 사람을 위해 무엇을 할 수 있나요?

2. 당신이 매일 만나는 사람과는 서로를 소중히 여기는 관계인가요? 혹시 한쪽이 상대에게 종속되고 다른 한쪽이 지배하는 관계는 아닌가요? 만약 어느 한쪽이 상대에게 종속적인 관계라면, 그 관계를 개선하여 서로를 소중히 여기는 관계로 만들기 위해 상대를 탓하고 비난하는 일 외에 할 수 있는 일은 무엇일까요?

3. 지금 내 주변에는 없지만, 나를 진정으로 필요로 하는 사람이 어딘
   가에 있으리라 생각하는 분도 있겠지요. 그렇다면 한번 상상해 보
   세요. 이 세상 어딘가에 당신을 진정으로 필요로 하는 누군가가 있
   다면 그 사람은 어떤 사람일까요?

4. 그 사람의 이미지를 떠올려 보세요. 그 사람은 어디에 있으며 어떤
   일을 하는 사람인가요? 그 사람은 당신에게 무엇을 필요로 하고, 당
   신은 그 사람을 위해 무엇을 할 수 있나요?

제7장

운명을 긍정적으로
보기 위해 생각할 것

실전3: 태도 가치 실현하기

생각 하나만 바꾸자
생겨난 일

우리에게는 타고난 운명이라는 게 있습니다. 가정환경, 재능, 체력 등등……. 모두가 각기 다른 운명을 타고나지요.

저는 단순한 운명론자는 아닙니다. 운명이 인생을 결정한다고 여기지도 않고요. 그렇게 생각했다면 애당초 상담가라는 직업을 택하지도 않았을 거예요. 하지만 인간에게는 어찌할 수 없이 타고난 운명이 있으며 아무리 노력해도 바꿀 수 없는 사실을 짊어지고 살아야 하는 것도 사실입니다. 결국 운명과 바꿀 수 없는 사실을 어떻게 받아들이는지가 우리의 인생을 결정짓는 핵심이라고 생각해요.

그렇다면 우리가 받아들여야만 하는, 바꿀 수 없는 사실에는 어떤 게 있을까요? 남녀를 불문하고 특히 젊은 사람들이 고민하고 괴로워하는 것 중 하나가 외모겠지요. 얼굴이 잘생겼는지, 예쁜지, 미남인지 미인인지 하는 것 말이에요.

현대는 나르시시즘(자기애, narcissism)의 시대입니다. 어느 조사에 따르면 10~20대 청소년의 절반 이상이 "나는 나르시시스트다"라고 답했으며, 강하게 집착하는 요소는 외모, 특히 얼굴이라고 합니다. 요즘 젊은이들이 자기 얼굴에 얼마나 관심이 많은지 알 수 있지요.

얼굴에서 맘에 들지 않는 부분은 성형수술을 하면 되지 않느냐고 하실 분이 있을지도 모르겠네요. 물론 예전에 비해 성형수술이 친숙해졌습니다. 저도 성형이 나쁘다고 생각하지는 않아요. 다만 성형수술이 일반화되는 경향을 보면 소위 '성형 미남, 성형 미인'이라는 말이 많아짐을 느끼고, 나만의 개성이 없어질까 봐 두렵기도 하며, 얼굴이 너무 달라지면 주변에서 수군거릴 일이 걱정되기도 합니다. 어쨌든 인간에게 외모란 중요한 부분이며, 이왕이면 타고난 외모가 좋기를 바라지요.

어느 날 한 남학생이 저를 찾아왔습니다. 훤칠한 키에 멀쑥한 옷차림에 얼굴도 제법 잘생긴 편이었지요. 그런데 남학생이 들려 주는 고민은 예상 밖이었어요. 다름 아닌 자기 얼굴 때문에 고민이라는 거예요. 또렷한 이목구비 때문에 지하철을 타면 외

마음이 소모되기 전에 생각할 것들

국인이라고 오해받고 친구들이나 부모 형제에게도 놀림을 당한다면서요. 놀라 어안이 벙벙해진 저는 저도 모르게 이렇게 말했답니다.

"제가 보기에 학생 정도면 너무 잘생긴 얼굴인데요? 얼굴도 작고, 솔직히 말해서 제가 학생 얼굴이었으면 좋겠어요."

하지만 그에게 이런 말은 아무런 위로가 되지 못했습니다. 그는 지금까지 살아오면서 얼굴 때문에 얼마나 괴로웠는지 털어놓기 시작하더군요. 성별과 상관없이 얼굴은 키나 몸매처럼 콤플렉스의 원인이 되는 것 같습니다.

키나 몸매는 수치로 측정 가능한 기준이 있지만 얼굴에 대해서는 객관적인 측정이나 평가의 기준이 없습니다. 자기 얼굴이든 타인의 얼굴이든 그것을 어떻게 평가하는지는 사람마다 천차만별이라는 얘기죠. 최근 개성이 중시되면서 아름다운 얼굴에 대한 기준도 다양해지는 추세입니다. 인기 연예인의 얼굴을 놓고도 누구는 혀를 내두르며 감탄하는가 하면 또 누구는 시큰둥하기도 하잖아요.

제 얼굴에 대해 말하자면, 규슈 사람에게 흔히 볼 수 있는 투박하고 넙데데한 얼굴입니다. 눈이나 코 크기는 보통 사람과 비슷하지만 얼굴이 워낙 커서 상대적으로 눈과 코가 작아 보여요. 대학 시절 저는 얼굴 때문에 콤플렉스가 얼마나 심했는지 모릅니다. 그런데 졸업하고 학원 강사가 되어 아이들에게 '큰 바위 얼굴'이라는 별명으로 인기를 얻고부터는 생각이 달라졌어요. 드라마를 봐도 신뢰감 가고 의지가 되는 역할을 도맡아서 하는 배우들은 왠지 얼굴이 크고 투박한 사람이 많지 않나요?

제 직업인 상담가나 대학교수는 남에게 신뢰받고 의지가 되는 직업입니다. 통계적인 자료는 없지만, 이런 경험 때문에 오히려 커다랗고 투박한 얼굴이 어쩌면 상담가에 적합한 얼굴일지도 모른다고 생각하게 되었답니다.

마음이 소모되기 전에 생각할 것들

당당하게 살기 위해
필요한 최소한의 태도

이 책의 초반에 소개한 프로레슬링 선수 안토니오 이노키는 긴 턱이 트레이드 마크입니다. 사실 젊은 시절의 안토니오는 긴 턱이 콤플렉스였다고 해요. 혹시 턱에 문제가 있는 건 아닐까, 수술하면 나아질까 등을 고민하던 그는 큰맘 먹고 병원 문을 두드렸습니다. 그런데 의사가 들려준 말은 뜻밖이었어요.

"안토니오 씨, 아깝게 왜 그 턱을 깎으려 하십니까. 프로레슬러는 인기로 먹고사는 직업이라 긴 턱이야말로 당신을 돋보이게 하는 매력 포인트가 될 텐데요. 당신을 본 사람들은 긴 턱 때문에 당신을 절대 잊지 못할 거예요. 이것만큼 탁월한 트레이드 마크가 어디 있겠습니까?"

불타는 투혼의 대명사인 안토니오 이노키만의 포즈였던 주먹을 불끈 쥐고 긴 턱을 앞으로 내민 파이팅 포즈는 이렇게 탄생했습니다. 그전까지 어딘지 모르게 자신감 없고 성적도 부진했던 안토니오는 이때부터 세계 최강의 격투가를 목표로 승승장구하기 시작합니다.

상담 분야에는 '리프레이밍(reframing)'이라는 기법이 있습니다. 그동안 자기 결점이라고 여겼던 요소에서 긍정적인 부분을 찾아내 의미를 바꿔 나가는 기법이에요. 안토니오에게도 이 기법이 효과를 발휘한 걸까요? 의사의 조언을 듣고 턱을 직업과 관련지어 긍정적인 의미로 재인식했고, 프로레슬러라는 직업에 대한 태도도 달라질 수 있었지요.

이와는 반대로 긴 턱을 갖고 있던 사람이 턱 수술을 통해 긍정적인 삶을 살게 된 경우도 있습니다. 교정 치과의사 후나기의 사연입니다. 그는 어린 시절부터 '뻐드렁니'라는 별명으로 놀림을 당했고 그럴 때마다 숨이 막히는 듯한 고통과 비참한 심정을 느꼈습니다. 콤플렉스는 그가 교정치과 전문의로 일할 때까지 이어졌습니다. 보통은 환자와 대화할 때 마스크를 벗는데, 그는 삐뚤삐뚤한 치열이 창피해 마스크를 벗지 않았어요. 그러다 보니 매번 마스크를 쓴 채 웅얼웅얼한 말투로 대화를 이어가야만 했지요.

마음이 소모되기 전에 생각할 것들

그가 매사에 의기소침하게 된 데는 타인이 무심코 건넨 한마디가 결정적이었습니다. 대학원을 다니던 시절, 어느 선배가 그에게 이렇게 말했다고 합니다.

"환자가 교정을 망설이면 네 나쁜 치열을 보여주면 돼. 그럼 당장 교정하겠다고 할 걸?"

나름 후나기를 위로할 작정으로 건넨 말이겠지만 당사자로서는 가뜩이나 아픈 상처를 더욱 후벼파인 느낌이었겠지요. 깊이 상심한 그는 선배의 말을 들은 이후 환자와 대화할 때 단 한 번도 마스크를 벗지 않았다고 합니다.

그러던 어느 날 후나기는 턱을 잘라내는 한이 있더라도 엉망진창인 치열을 고쳐야겠다고 마음먹습니다. 상당한 시간과 수고가 드는 수술이었지만 무사히 수술을 마쳤고, 덕분에 당당히 마스크를 벗고 환자와 자유롭게 대화를 나누게 되었습니다.

이후로는 환자가 교정을 망설일 때 삐뚤삐뚤한 치열을 보여주는 게 아니라 매끄러운 치열을 보여주면서 "저도 치열이 안 좋았는데 교정했습니다. 당신도 치료를 받으면 저처럼 잘 씹을 수 있는 아름다운 치열이 될 겁니다"라고 자신 있게 설득한다고 합니다.

"저는 이 말을 하기 위해 치과대학에 입학하고 교정대학원을 졸업하고 교정 전문의가 되었는지도 모르겠습니다. 나쁜 치열의 표본이었던 제가 좋은 치열의 표본이 된 지금, 저를 가르쳐 주신 여러 선생님께 감사드립니다."

안토니오는 긴 턱을 트레이드마크로 받아들이며 자신감 가득한 선수로 거듭났습니다. 후나기는 턱과 치열을 과감히 바꿔서 자신감 넘치는 태도로 일하게 되었고요. 중요한 것은 나쁜 턱으로 태어난 운명에 어떤 태도를 보이는가 하는 겁니다.

운명에 절망하며 '어차피 나는 이 정도밖에 안 되는 인간이다'라고 스스로를 비하하며 주눅이 든 채로 평생을 살아갈 수 있습니다. 아니면 문제를 있는 그대로 받아들이고 그 위에서 어떤 삶을 살 것인지 스스로 결정할 수도 있습니다. 어떻게 살 것인지 선택은 각자의 몫입니다. 운명에 휩쓸려가는 수동적인 태도로 사는 게 아니라, 운명은 운명으로 인정하되 그 운명을 긍정적인 의미로 받아들일 수 있는 태도가 중요하다는 얘기입니다.

안토니오는 긴 턱이라는 운명을 긍정적으로 받아들이고 인생 앞에 당당해졌습니다. 후나기는 긴 턱이라는 운명 앞에서 과감한 수술을 통해 자신감 넘치는 인생으로 거듭났습니다. 그들은 운명 앞에서 당당하게 살아가려면 어떤 태도를 취해야 하는지를 잘 보여주는 사례입니다.

무의식을 의식화하지 않으면

무의식이 우리 삶의 방향을 결정한다.

우리는 바로 이것을 두고 운명이라고 부른다.

스위스의 정신과 의사, 카를 구스타프 융

상처투성이라도
괜찮은 이유

우리가 감당해야 할 '바꿀 수 없는 운명'은 종종 우리의 숨통을 죄여 오곤 합니다

호리우치 히로키는 바꿀 수 없는 운명을 마주하고도 긍정적인 태도를 가지고 살아가는 사람입니다. 그는 초등학교 2학년 무렵부터 혈액 질환을 앓고 있었습니다. 급성 림프성 백혈병이라는 병인데 당시에는 이 병에 대한 치료법이 지금처럼 발전되지 않아 불치병으로 여겨졌지요. 같은 병을 앓다가 회복한 환자들 모임에서 호리우치는 가장 빨리 회복된 사람이었습니다. 그와 같은 시기에 치료받은 사람들은 이미 세상을 떠났거나 공개석상에 나설 만큼은 회복하지 못했어요.

마음이 소모되기 전에 생각할 것들

호리우치는 날마다 죽음과도 같은 고통을 주는 치료를 받았습니다. 예컨대 '마르크'라는 검사를 할 때는 명치에서 5센티미터 내외인 가슴 쪽에 거대한 주사기를 꽂고 피를 뽑았는데, 그럴 때마다 마치 대못을 가슴에 박아대는 통증을 느꼈습니다.

또 골수 이식을 하기 위해 무균실에 들어가면 이식이 성공할지 실패해서 죽을지 모르는 채로 나올 때까지 치료를 받아야 하는데, 그럴 때면 자신이 한낱 기계장치로 전락하는 기분이었다고 합니다. 가족이나 친구들이 면회를 와도 플라스틱판 너머 둥근 창문을 통해 이야기를 나누는 게 고작이었습니다. 초등학교 2학년에게는 너무나 가혹한 상황이었겠지요.

다행히 유일한 여동생과 혈액형이 맞아 골수를 이식받을 수 있었는데, 그때부터 호리우치의 몸 안에서는 자기 골수와 여동생 골수와의 치열한 싸움이 벌어졌습니다. 심장 가까운 곳부터 가슴과 어깨 사이의 굵은 혈관에 큼지막한 관으로 수액을 집어넣는 생활이 한 달 가량 이어졌습니다. 그러는 사이 간이 손상되어 눈에 황달이 생기고 폐렴으로 40도 넘는 고열 상태가 일주일 이상 지속되기도 했지요.

더욱이 약 후유증까지 생기는 바람에 몸 여기저기에서 통증이 나타나기 시작했습니다. 등, 배, 배꼽, 엉덩이, 무릎……, 어디 하나 성한 구석이 없을 정도였습니다. 다행히 병은 나았지만 호리우치 몸에는 수많은 상흔이 덕지덕지 남았습니다. 언뜻 보면 온몸에 심각한 화상을 입은 사람처럼 보였지요. 바꿀 수 없는 잔인한 운명 앞에서 호리우치는 놀라운 태도를 보여 줍니다. 다음은 호리우치의 강연록 〈가슴을 펴고 살다: 호리우치 히로키를 초대합니다〉의 일부입니다.

저에게는 최근 골수 이식자에게서는 보기 힘든 끔찍한 외상이 있습니다. 온몸에 상흔이 남아 있고 머리카락도 다 빠지고 2차 성징을 제대로 하지 못해 신체 발육도 미숙한 상태지요. 눈은 초기 백내장이고 오랜 입원 생활로 칼슘이 다 빠져서 치아도 엉망입니다. 구내염으로 입안도 너덜너덜해져서 맛이 강한 음식은 입도 못 데고요. 타액도 일반인보다 적어서 식사하는 데 남들보다 곱절은 걸린답니다.

이러니 외모가 어떻겠어요. 못생겼다느니 잘생겼다느니, 그런 차원을 뛰어넘었다고 해야겠지요. 사람들이 보내는 차가운 눈빛이나 호기심 어린 눈빛, 지나가는 길에 무심코 던지는 무례한 말은 그리 놀라운 일도 아닙니다.

하지만 어릴 적엔 상처를 많이 받았어요. 퇴원해서 초등학교에 다시 다니게 되었을 때, 복도를 걷다 보면 호기심 많은 1~2학년 아이들이 다가와 거침없이 묻습니다. "얼굴이 왜 그

마음이 소모되기 전에 생각할 것들

래?", "괴물 같아!" 이런 말을 들어도 의사처럼 또박또박 설명할 자신도 없었기에 그저 웃으며 "글쎄, 왜 그럴까" 하고 넘겨버릴 수밖에 없었어요. 그런 내 자신이 한심해서 견딜 수가 없었지요.

그래도 이 정도면 양반인 편이에요. 심할 땐 "우와! 저 얼굴 좀 봐!" 하면서 두어 명이 달려와 동물원 원숭이 보듯 빤히 쳐다보는 일도 많았거든요. 당황해서 고개를 숙이면 몸을 구부려 밑에서 올려다보는 아이들도 있었어요. 분노가 차올라 소리치고 주먹을 휘두르고 싶은 마음을 꾹 억누르다가 옆에 있던 친구가 말리는 사이에 도망치듯 교실로 들어갔어요.

지금도 지하철을 타면 이런 일을 가끔 당합니다. 시선이 느껴져 고개를 돌리면 누군가 한 명 이상은 신기하다는 듯 저를 쳐다보고 있어요. 처음에는 얼굴이 화끈거려 고개를 얼른 돌려버렸지만 요즘은 저도 익숙해져서 같이 쳐다봅니다. 대부분 사람은 두세 번 눈이 마주치면 더는 보지 않거든요. 그래서 상대가 다시는 저를 쳐다보지 않을 때까지는 상대를 뚫어져라 쳐다볼 배짱이 생겼습니다.

얼마 전 학교 끝나고 벤치에 앉아 지하철을 기다리고 있었어요. 다소 불량해 보이는 여고생 두 명이 걸어가다 저를 발견하고는 앞을 지날 때 일부러 들으라는 듯 "어휴, 깜짝이야!

더러워 죽겠네!"라고 소리를 지르더군요. 다음날 학교에서 돌아오는 지하철 안에서는 재수생 무리로 보이는 남학생들이 "저런 머리로 잘도 돌아다니네. 모자라도 쓰지 저게 뭐야"라고 쑥덕거리는 소리가 들렸습니다. 이제 익숙해질 만도 하건만, 가끔은 가슴이 미어질 때가 있습니다. 그런 일을 겪고 집에 돌아오면 억장이 무너지면서 울고 싶어지곤 하죠.

아직도 잊을 수가 없네요. 초등학교, 중학교 내내 좋아했던 여학생이 있었어요. 어느 날 교실 문을 열다가 그 아이와 눈앞에서 마주쳤는데 제 얼굴을 보고는 "으악!" 하고 비명을 지르더군요. 갑자기 마주쳐서 놀라는 마음도 이해는 가지만 그렇게 질색하며 소리를 지를 일이었는지……. 가슴이 찢어질 만큼 슬펐던 기억이 납니다. 그날의 충격적인 경험 이후로 문을 열고 어딘가를 들어갈 때면 얼굴을 푹 숙이고 머리부터 들어가는 게 습관이 되었지요.

그렇습니다. 저는 제 외모에 엄청난 콤플렉스를 느낍니다. 이렇게 말하면 누군가는 "그럴 거면 성형수술을 하면 될 텐데" 하는 분도 있을지 모릅니다. 실제로 할머니나 아버지는 성형수술을 권유하셨어요. 저는 외모에 콤플렉스를 느끼지만, 그렇다고 제 몸에 함부로 손대고 싶지는 않습니다. 그건 제 자존심이 허락하지 않아요. 백혈병이라는 힘든 병을 극복하고 이겨낸 몸, 13년 전에 수많은 사람의 생명을 앗아간 병을 견뎌낸 제 몸이 자랑스러우니까요.

저는 저와 만나는 사람, 이야기하는 사람, 함께 있는 사람 등 저와 관련된 모든 사람에게 13년 전의 상처를 안고 살아가는 지금의 제 모습을 인정받고 싶습니다. 전에 성인병 센터에 갔을 때 의사 선생님이 이렇게 말씀하시더군요. 저는 이 병원에 있는 백혈병 환자 중 살아남은 첫 번째 환자니까 자신감을 가지고 당당하게 살라고요.

제 생명은 제 것이 아닙니다. 지금까지 숱한 백혈병 환자들이 죽으면서 남긴 의학적 경험치가 제 생명을 지켜 준 것입니다. 저는 그분들의 생명을 이어받은 거예요. 저는 그분들의 몫까지 이 몸으로 열심히 살아가고자 합니다. 저만이 할 수 있는 일을 찾아내서 제가 살아 있었다는 증거를 만들고 싶습니다.

호리우치는 백혈병 투병에서 얻은 상흔을 끌어안고 그 상흔에서 자부심을 발견해 자신감을 가지고 당당히 살아가고 있습니다. 자신만이 할 수 있는 일을 찾아 자신이 살았다는 증거를 만들기 위해서.

그는 자신이 겪는 모든 수모를 병과 병이 남긴 상흔 탓으로 돌릴 수도 있었습니다. 병을 핑계로 뒷걸음질 치는 인생을 살 수도 있었습니다. 비슷한 상황에 놓였을 때 그와 같은 태도를 가질 사람이 얼마나 될까요? 솔직히 비극적인 운명을 탓하며 소극적으로 살아가는 사람이 훨씬 많을 겁니다.

호리우치는 달랐습니다. 백혈병이 남겨준 끔찍한 상흔을 어찌할 수 없는 운명과 벌인 사투 끝에 얻은 자랑스러운 훈장으로 받아들였습니다. 그래서 성형수술도 마다하고 자부심을 가지고 살아갈 수 있었던 겁니다.

호리우치의 이 강연에는 후일담이 있습니다. 청중 중에 그가 예전부터 마음에 두던 여성이 있었나 봅니다. 그날 이후 호리우치가 과감하게 고백했다가 보기 좋게 차이고 말았지만, 얼굴 절반이 푸른 흉터였던 여성이 하는 말에 정신이 번쩍 들었습니다.

"그날 강연에서 호리우치 씨가 했던 말씀 중에 줄곧 마음에 걸리는 부분이 있어요. 지하철을 탔을 때 얼굴을 쳐다보는 시선을 피하지 않고 똑같이 쳐다보며 되돌려 줄 수 있게 되었다는 부분이요. 호리우치 씨는 그만큼 강해졌다고 하셨는데, 그건 강해진 게 아닌 것 같아요. 저라면 그냥 웃어줬을 거예요."

그 여성도 지금껏 자신처럼 싸늘한 시선을 받아왔다는 사실에 호리우치는 말문이 막혔습니다. 실연의 충격보다도 지금까지 자신이 '강함'이라고 생각했던 것이 실은 '약함'이었다는 것을 깨달은 충격이 더 컸다고 합니다.

이 이야기를 듣고 감탄이 절로 나왔습니다. 두 분 모두 참으로 멋진 마인드를 가지고 있다는 생각이 들더군요.

태도 가치란
무엇일까?

피할 수 없는 운명 중에서 가장 가혹한 운명은 무엇일까요? 아무래도 죽음이나 장애, 불치병이 아닐까 싶어요. 이와 같은 비극적인 상황에 직면했을 때 어떤 태도를 취할지, 운명을 어떻게 받아들이고 인생을 살아가야 할지 자문하게 됩니다. 프랭클은 이렇게 말합니다.

"태도 가치가 존재하는 한, 인생은 의미가 있다. 창조 가치와
체험 가치를 모두 빼앗긴 사람이라도 자신의 운명을 직시하
고 고뇌하면서 의미 있는 삶을 만들어 갈 수 있다."

그러면서 프랭클은 다음과 같은 예를 들었습니다. 광고 디자이너로 눈코 뜰 새 없이 바쁘게 살던 젊은 남성이 수술도 불가능한 악성 척수종양에 걸렸습니다. 그야말로 마른하늘에 날벼락이었지요. 종양으로 인해 사지가 마비된 그는 끝내 디자이너라는 직업을 포기해야 했습니다. 이 시점에서 그는 창조 가치를 실현할 기회를 잃은 셈입니다.

그럼에도 불구하고 그는 포기하지 않았습니다. 하루하루를 의미 있게 보내기 위해 맹렬히 책에 파고들었지요. 라디오를 듣거나 다른 환자들과 열심히 소통하기도 했습니다. 하지만 병이 진행되자 근력이 약해져 더 이상 책을 들 수조차 없게 됩니다. 게다가 두개골 신경통 때문에 헤드폰 무게를 견디지 못해 다른 환자와 이야기를 나누는 것도 어려워지고 말지요. 창조 가치에 이어 체험 가치를 실현할 가능성마저 빼앗긴 거예요.

하지만 그는 자기 앞에 닥친 뜻밖의 비극 앞에서 어떻게든 의미를 찾아내려고 합니다. 남은 생명이 몇 시간뿐이라는 사실을 깨달은 그는 침대 옆을 지나가던 당직 의사 프랭클을 불러 이렇게 말하지요.

"아침에 원장님이 회진하실 때 말씀하시는 걸 들으니, 제가 눈을 감기 몇 시간 전에 통증을 완화하는 모르핀을 투여하라고 지시하시는 것 같던데요. 아마도 오늘 밤이 제 마지막이 될 듯한

데 지금 주사를 놓아 주세요. 늦은 밤에 선생님 숙면을 방해하고 싶지 않아요."

프랭클은 이 일을 회상하며 다음과 같이 덧붙입니다.

"그는 죽음을 몇 시간 앞둔 상태에서도 끝까지 타인을 배려하는 사람이었다. 고통을 견뎌낸 용기도 대단하지만, 따뜻한 마음이 담긴 사소한 그 말 한마디가 내 마음을 얼마나 울렸던지. 이것은 그가 거둔 위대한 업적이다. 직업적 업적이 아니라 한 인간으로서 거둔 숭고한 업적이다."

이 환자는 프랭클이 말하는 태도 가치를 실현했습니다. 이 사례를 통해 인생은 마지막 순간까지 의미가 있고, 숨을 거두는 순간까지 해야 할 일과 실현해야 할 의미는 결코 사라지지 않는다는 사실을 알 수 있었습니다. 그 순간까지도 살아갈 의미는 끊임없이 우리에게 전달되고 있으며 우리가 발견하고 실현하기를 기다리고 있다고 말입니다.

마음이 소모되기 전에 생각할 것들

삶의 가치는 삶이 얼마나 길었느냐로

정해지는 것이 아니다.

삶의 가치는 그런 삶을

어떻게 활용하느냐에 달렸다.

프랑스의 사상가, 미쌜 드 몽테뉴

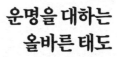

운명을 대하는
올바른 태도

우리가 받아들여야 하는 건 비단 자신을 덮친 질병이나 운명만이 아닙니다. 운명을 함께하는 사람에게 덮치는 사건도 함께 받아들여야 하지요. 가족 한 사람이 운명을 묵묵히 받아들이고 그것과 함께 살아가기로 결심할 때 당사자의 삶과 가족들의 삶은 이전과는 분명 다르지만 의미 있는 삶으로 거듭납니다.

대표적인 사례가 장애를 가진 자녀를 부모가 어떻게 받아들이는가 하는 문제입니다. 심리학에서는 이를 '장애 수용'이라고 하지요. 우리는 세상에 수많은 장애 아동이 있다는 사실을 압니다. 하지만 막상 내 자식이 장애 아동이라고 하면 쉽게 받아들이지 못하는 게 현실이지요. '내 아이는 장애가 아니야'라며 어떻게든 현실을 부정하고 싶은 마음이 들기 마련이에요.

지금부터 소개하는 스기모토(가명) 씨도 비슷한 심정이었습니다. 그는 순이치(가명)라는 다운 증후군 자녀를 둔 어머니입니다. 순이치가 태어나기 전, 그는 이미 남매를 키우며 행복한 가정을 꾸리고 있었습니다. 둘째가 태어난 지 10년쯤 지났을 무렵, 지금의 행복을 더 완벽하게 만들고 싶다는 마음에 아이를 한 명 더 낳기로 결심합니다.

고령 출산이라 다운 증후군 아이가 태어날 가능성도 있어 양수검사를 받기 위해 병원으로 향하던 중 '다운 증후군이면 어떡하지?'라는 걱정이 들었다고 합니다. 하지만 설령 다운 증후군이라도 낙태하지는 않겠다는 생각에 검사를 포기하고 집에 돌아오지요.

그런데 출산하고 보니 아이는 정말 다운 증후군이었습니다. 청천벽력 같은 소식 앞에서 눈물도 나오지 않았다는 스기모토 씨는 '이제 내 인생에 행복이란 없구나. 더 이상 진심으로 기뻐하고 웃을 일은 없겠지'라며 깊은 절망감과 상실감에 빠졌습니다. 하지만 그 이후에 이어진 스기모토 씨의 삶은 감동 그 자체였습니다.

저는 순이치와 함께 하루하루를 보내면서 그 생각이 틀렸음을 깨닫기 시작했습니다. 예전처럼 웃고, 기뻐하고, 어쩌면 예전보다 더 큰 행복감을 맛보고 있다는 생각마저 들었어요. 그건 아마도 지금까지 큰 좌절 없이 늘 앞만 보고 달려왔던 가치관이 순이치의 탄생으로 겪은 경험들을 통해 달라졌기 때문이 아닐까요? 지금까지는 한정된 세계 안에 갇혀 남들과 같은 상태를 유지하려 안간힘을 썼는데, 그 틀을 벗어나 더 큰 시야로 세상을 바라보니 지금까지 제가 뭘 바라보며 왔던 가 하는 느낌이 들더군요.

안락한 삶도 좋지만 어차피 한 번뿐인 인생, 산도 있고 골짜기도 있는 게 풍요로운 인생이 되지 않을까 하는 생각이 들었어요. 그런 마음으로 인생을 바라보니 지금까지 머리로 안다고 여겼던 세상이 얼마나 다양한 모습으로 이루어져 있는지 새삼 느끼게 되었습니다. 덕분에 순이치를 키우는 데도 여유가 생기고 이전보다 객관적으로 바라보게 되었지요.

순이치의 탄생은 우리에게 소중한 것을 일깨워줬지만, 이 모든 게 장애아를 낳은 덕분이라고 생각하는 것 또한 어떤 의미에서는 장애아에 대한 차별이 아닐까 싶어요. 장애아를 함부로 대하는 건 악이고 장애아를 소중히 대하는 게 선이라고 세상은 생각하죠. 하지만 그것은 장애아만이 아니라 비장애아에게도 해당되는 말이에요. 마찬가지로 지나친 과잉보호

마음이 소모되기 전에 생각할 것들

는 장애아든 비장애아든 모두에게 좋지 않고요.

장애 유무와 상관없이 부모는 육아하면서 많은 것을 배웁니다. 다만 장애가 있는 아이를 키운다면 일반적인 육아 경험과는 조금 다르기 때문에 그 경험이 부모에게는 다시 한번 돌아보는 계기가 되지요. 장애가 없는 아이를 키울 때는 놓쳐 버리기 쉬운 것들을 장애가 있는 아이를 키울 때는 천천히 성장하는 모습을 보면서 확인할 수 있다는 것 정도가 차이점이겠지요.

장애를 갖고 있는 아이를 특별하게 바라보는 것은 설령 긍정적인 의도라 하더라도 또 다른 차별이 될지도 모릅니다.

스기모토 씨는 장애를 가진 아이를 특별한 아이로 보는 사회의 시선이 또 다른 차별을 낳는다고 하면서, 장애아를 특별한 아이가 아니라 '장단점도 있고 장애도 있는 하나의 인격체'로 보는 시각이 필요하다고 호소합니다.

아이의 장애를 부정적으로 받아들이고 모든 것을 장애 탓으로 돌리며 퇴보하는 삶이 아니라 "예전처럼 웃고 기뻐하고 어쩌면 예전보다 더 큰 행복감을 느낀다"라고 말하는 그의 삶은 참으로 산뜻합니다.

더 나아가 스기모토 씨는 지금까지 자신들은 편협한 가치관

속에서 행복을 추구해 왔지만, 순이치의 장애 덕분에 보다 열린 새로운 가치관을 가질 수 있게 되었다고 합니다. 지금까지의 행복이 진정한 행복이었을까 의구심이 들 만큼 세상을 보는 관점 자체가 변화한 것에도 감사하게 되었다면서요.

다운 증후군 자녀를 둔 부모 중에는 스기모토 씨처럼 감사함을 느낀다는 분이 많습니다. 만나 보면 알겠지만, 다운 증후군 아이를 보면 참으로 귀엽습니다. 얼마나 천진난만한 표정을 짓는지요. 어느 어머니는 이렇게 말합니다. "저는 원래 아이를 좋아하는 사람이 아니었는데 우리 아이 앞에서는 한없이 순수해지는 느낌이 들어요. 이 아이를 만나서 정말 감사합니다."

장애를 가진 아이가 태어났다고 운명을 저주하며 불행하게 살 것인가, 운명을 받아들이고 그 운명이 가져다 준 새로운 삶에 감사하며 살 것인가. 똑같은 운명이라도 운명을 받아들이는 우리의 태도, 즉 우리의 기본적인 인생철학에 따라 삶은 180도 바뀝니다.

부정을 긍정으로
바꾸는 방법

피하고 싶어도 피할 수 없는 것이 있습니다. 바로 사랑하는 사람과의 사별입니다.

어느 날 프랭클에게 늙은 의사가 찾아왔습니다. 그는 2년 전 아내를 잃은 충격에서 벗어나지 못한 채 우울증에 시달리는 상태였지요. 그는 아내 없는 인생은 살아갈 의미가 없다며 호소했습니다. 듣는 사람 입장에서는 '참으로 금슬 좋은 부부였구나' 싶어 마음이 따뜻해지는 이야기지만, 당사자에게는 그야말로 목숨이 걸린 심각한 문제입니다. 아내가 세상에 없다는 건 누구도 바꿀 수 없는 엄연한 사실이니까요.

다음은 프랭클이 노의사와 나눈 대화입니다.

프랭클 상상해 보십시오. 만일 선생님께서 부인보다 먼저 돌아가셨다고 해 봅시다. 홀로 남겨진 부인은 어떨 것 같은가요?

노의사 고통스러워하겠죠. 지금 내가 그렇듯이.

프랭클 이제 아시겠습니까? 선생님 덕분에 부인은 그런 고통을 겪지 않아도 됩니다. 선생님이 먼저 세상을 떠났다면 부인이 겪어야 할 고통을 지금 선생님이 대신 겪고 계신 거예요. 그러니 선생님이 지금 느끼는 그 고통은 아내를 위한 희생인 셈입니다.

대화를 마친 노의사는 잠자코 프랭클의 손을 쥐더니 홀가분한 표정으로 진료실을 떠났습니다. 프랭클 심리학에서는 도저히 바꿀 수 없는 사실이라면 거기에서 긍정적인 의미를 발견하자고 말합니다. 우리에게 소중한 것을 전해 주는 메시지로 받아들이자고 말이에요.

부정에서 긍정으로 바꾸는 역발상, 이러한 반전을 가능케 하는 절대 긍정의 철학이 프랭클 심리학의 핵심입니다.

기회를 놓치지 않기 위해
기억해야 할 것들

이 책이 전하는 일관된 메시지는 이것입니다.

어떤 상황에서든 인생에는 의미가 있다. 우리 모두의 인생에
는 반드시 의미가 있다. 우리에게는 해야 할 일, 채워야 할 의
미, 수행해야 할 사명이 있으며 인생은 우리가 그것을 발견
하고 실현하기를 기다린다.

저는 프랭클 심리학을 토대로 여러분에게 살아갈 의미를 찾기
위한 힌트를 전해 주고자 이 책을 썼습니다. 이제 드디어 끝맺
을 때가 다가오네요. 여기까지 읽고서도 다음과 같이 생각하는

분들도 있을 겁니다.

'지루한 일상이 끝없이 반복되는데 왜 살아야 할지 모르겠다. 어떻게든 생각을 고쳐먹고 싶어서 이 책을 읽었는데 소용없는 노릇이었다. 여전히 삶의 의미를 모르겠다. 사소한 일에도 의미가 있다거나, 바꿀 수 없는 운명을 받아들이는 태도가 인생을 결정한다는 말을 들어도, 머리로는 알겠는데 그래도 역시 지루한 건 지루하고 괴로운 건 괴롭다는 생각만 든다. 난 역시 어쩔 수 없는 걸까.'

그렇게 생각하더라도 괜찮습니다. 지극히 정상이니 걱정하지 마세요. 이 책에서 저는 여태까지 뒷걸음질 치던 삶을 긍정적으로 바꾸기 위한 힌트를 제시했습니다. 단언하건대, 그 힌트가 지금까지 무엇을 해도 달라지지 않던 인생을 바꾸는 전환점이 될 겁니다. 당신이 지금 이 시점에서 긍정적인 마음을 갖지 못해도 괜찮습니다. 다만 이 책이 전하는 기본적인 인생철학만은 머릿속에 담아두세요. 언젠가 분명 도움이 될 테니까요.

아무리 중요한 말을 들었다고 해도 당장 인생이 바뀌지는 않습니다. 인간은 그리 쉽게 변하는 존재가 아니니까요. 하지만 지금 변하지 못한다고 해서 결코 인생을 포기하지는 마세요. 한 치 앞을 모르는 게 인생입니다. 누구도 미래를 알 수 없고 언제나 예기치 못한 기회가 우리를 찾아옵니다.

마음이 소모되기 전에 생각할 것들

절망적인 상황이라도 지나치게 골몰하며 스스로를 몰아붙이지 마세요. 영원히 계속되는 일은 없으니까요. 인생에는 우리가 알지 못하는 일이 많으며 앞으로 어떤 기회가 올지는 아무도 모릅니다. 인내심을 가지고 기회가 오기를 기다리시기 바랍니다.

상담을 하면서 배운 사실이 있습니다. 인생이 막막해졌을 때 다시 일어설 수 있느냐 없느냐의 갈림길은 두 가지에 달려 있습니다. 하나는 인생에는 내가 모르는 불확실함이 있음을 받아들이는가 하는 것이고, 다른 하나는 인생에 전환점이 찾아올 때까지 인내심을 가지고 기다릴 수 있는가 하는 것입니다. 이 두 가지가 전부입니다.

자신을 너무 몰아붙이지 말고 참을성 있게 기다리면 인생을 바꿀 전환점은 반드시 찾아옵니다. 그것을 믿고 기다리는 겁니다. 단, 그 전환점이 찾아왔을 때 기회를 놓치지 말고 제대로 잡아야 하죠.

이 책에 적힌 내용은 그때 도움이 될 겁니다. '아, 이건 그 책에서 읽은 내용이야', '이번이 내 인생을 바꿀 절호의 기회일지도 몰라.' 이 책에 적힌 내용을 염두에 두고 살다 보면 이런 생각이 들 순간이 반드시 옵니다. 그 기회를 놓치지 않기 위해서라도 이 책에서 말하는 세 가지 가치를 꼭 기억하시기 바랍니다.

인생의 진실은
언제나 단 하나뿐이다

인내심을 가지고 기다린다고 꼭 기회가 온다는 보장은 없지 않느냐고 생각하는 분도 계실 겁니다. 이제껏 기다리느라 지쳤고 내 인생은 의미가 없다고 비관하는 분들에게 이 말씀만은 꼭 드리고 싶습니다.

당신은 지금 이대로도 괜찮습니다. 억지로 자신을 바꾸지 않아도 괜찮습니다. 아무것도 하지 않아도 괜찮습니다. 당신이 아무것도 하지 않아도, 이미 당신의 인생에 의미가 전해지고 있으니까요.

당신이 살아갈 의미를 찾지 못해도 인생은 당신에게 살아갈 의미를 전해 주고 있습니다. 당신의 삶에서 실현해야 할 의미, 수행해야 할 사명이 사라지는 일은 결단코 없습니다. 그것은 줄곧 그 자리에서 당신이 발견해 주기를 기다리고 있습니다.

프랭클은 말합니다. 당신이 아무리 인생에 절망해도 인생이 당신에게 절망하는 일은 없다고. 당신이 아무리 인생을 포기해도 인생이 당신을 포기하는 일은 없다고. 살아 있는 순간까지 인생은 당신에게 거는 기대를 거두지 않을 거라고.

어떤 순간에도 인생에는 의미가 있습니다. 우리 모두의 삶에는 의미가 있으며 살아 있는 한 그것은 결코 사라지지 않습니다. 이것이야말로 우리가 절망하더라도, 삶이 무의미하게 여겨지더라도 반드시 존재하는 인생의 진실입니다.

당신이 아무리 절망해도 당신의 삶에는 의미가 부여되어 있습니다. 당신이 아무리 삶이 무의미하다고 생각해도 그것과 별개로 당신의 삶에는 의미와 해야 할 사명이 주어져 있습니다. 그리고 가만히 당신에게 발견되기만을 기다리고 있습니다. 그러니 인생이 허무하고 삶의 의미를 찾을 수 없더라도 부디 이 책에 적힌 내용을 잊지 말아 주세요.

이 책을 다 읽은 지금, 인생의 의미 따위 알 수 없다고 낙담하고 있나요? 조급해 할 필요 없습니다. 당신이 살아 있는 한 당신 인생의 의미는 결코 사라지지 않을 테니까요.

당신이 아무리 실패를 거듭해도, 당신이 아무리 깊은 절망에 빠지더라도, 앞으로 무엇을 해야 할지, 왜 태어났는지 몰라 초조해지더라도 삶의 의미는 언제까지나 당신에게 발견되기를 기다리고 있습니다. 이것은 당신이 아무리 타락한 삶을 살더라도 변하지 않는 인생의 진실입니다. 그러니 불안해하지 마세요. 포기하지도 마세요.

만일 '아, 이것이 내 삶의 의미였구나', '이것이 세상에서 내가 해야 할 사명이구나'라고 느낄 만한 것을 찾아냈다면 더할 나위 없이 좋은 일입니다. 하지만 그렇지 않더라도 낙담할 일은 아닙니다. 설령 당신이 그것을 찾지 못한다 해도 당신 인생의 의미는 벌써 당신의 발밑에 와 있으니까요. 이미 그곳에 존재하고 있으니까요. 그저 당신이 아직 찾지 못했을 뿐입니다.

비유하자면, 방 안에 꽁꽁 숨겨 놓고 찾지 못하는 보물 같은 겁니다. 그러니 괜찮아요. 그것은 당신의 방 안에 온전히 잘 있습니다. 오늘이나 내일 찾지 못해도 언젠가는 찾을 테니 안심해도 됩니다.

인생의 의미도, 해야 할 사명도 마찬가지예요. 당장 오늘이나 내일 안에 찾지 못해도 괜찮습니다. 죽기 전까지 '그래, 난 이것을 위해 태어났던 거구나'라고 생각할 만한 것 하나만 찾으면 그걸로 충분합니다. 그때, 당신은 비로소 이렇게 느끼게 될 겁니다.

'역시 살아서 다행이야!'

이제 당신이 바꿀 수 없는 운명에 대해 어떤 태도를 취하는지 생각해 봅
시다.

1. 당신에게는 바꿀 수 없는 운명이 있나요? 외모, 몸매, 재능, 운동신
   경, 부모님, 질병, 장애, 죽음……. 바꾸고 싶지만 바꿀 수 없는 것은
   무엇인가요? 당신이 가장 고민하는 것을 떠올려 보세요.

2. 당신은 바꿀 수 없는 무언가에 대해 그동안 어떤 태도를 취해 왔나
   요? 긍정적으로 받아들였나요, 아니면 다른 누군가나 무언가를 원
   망하고 탓하며 비관적으로 살아왔나요? 또는 생각하지 않으려 애
   쓰며 문제를 회피하는 인생을 살아왔나요?

3. 당신은 바꿀 수 없는 무언가에 대해 앞으로 어떤 태도를 취할 수 있을까요? 그것을 어떻게 받아들이면 인생을 더욱 의미 있고 가치 있는 것으로 만들 수 있을까요?

4. 바꿀 수 없는 무언가는 당신에게 무엇을 가르쳐 주고 있나요? 그것은 당신에게 어떤 메시지를 전하고 있으며 어떤 삶을 살기를 바라고 있나요?

이제는
살아갈 용기가 생겼다

상담하다 보면 "무엇 때문에 사는지 모르겠다, 인생에 힘든 일만 닥쳐서 더 이상 견딜 수 없다. 차라리 죽고 싶다"라고 호소하는 분들을 자주 봅니다. 그런 분들에게는 아무리 인생에 의미가 있다고 설득해도 헛수고지요.

그렇다면 저는 어떻게 해야 할까요? 그저 기도하는 마음으로 '그래도 살아서 다행이다'라고 느낄 만한 체험이 찾아오기를 함께 기다려 주는 수밖에 없습니다. 상대가 전하는 고통의 소리에 잠자코 귀를 기울이면서 말이지요.

신기하게도 기도하는 마음으로 그분의 고통의 소리를 몇 년 동안 듣고 있노라면 어느 순간 희미하게나마 '생명의 숨결'이 느껴집니다. 그 숨결을 가만히 듣고 있노라면 점차 내담자의 내면에 있는 생명이 활성화되어 살아갈 의욕이 생기는 경우가 있습니다.

예전에 이런 일이 있었어요. NHK의 심야 라디오 프로에 출연해서 프랑클 심리학을 소개한 적이 있습니다. 그리고 얼마 뒤, 제 연구실로 엽서 한 장이 도착했지요.

> 저는 지금 50대 중반의 노숙자입니다. 직장도 가족도 잃고 이제 삶을 포기하려고 하던 참에 우연히 틀어놓은 라디오에서 선생님 말씀을 듣게 되었습니다.
>
> ………
>
> 선생님 말씀을 들으니 조금 더 살아보자는 생각이 들었습니다. 감사합니다.

기뻤습니다. 프랑클 심리학을 배운 보람을 느끼는 동시에 그의 사상이 사람들에게 살아갈 희망을 불러일으키는 힘을 가지고 있음을 재차 느꼈지요.

살다 보면 여러 가지 풍파가 생기고 삶 자체가 고통의 연속처럼 느껴지기도 합니다. 나쁜 일이 한 번 일어나면 이상하게 연쇄적으로 일이 꼬이기만 하는 것 같지요. 지금껏 만난 내담자

중에 지금까지 살아온 게 용하다 싶을 만큼 파란만장한 인생을 살아온 경우도 많습니다.

그런데 바로 그런 순간, 프랭클의 말은 힘을 발휘합니다. 절망에 빠지고 인생을 포기하고 싶어진 사람들의 영혼을 흔들어 놓는 힘, '이제 지쳤다. 모든 걸 내버리고 싶다'라는 사람들의 영혼을 흔들어 '조금만 더 살아보자'라는 마음을 불러일으키는 힘을. 프랭클은 당신에게 이렇게 호소합니다.

> "언제라도 인생에는 의미가 있다. 해야 할 일, 채워야 할 의미가 주어져 있다. 이 세상 어딘가에 당신을 필요로 하는 무언가가 있다. 이 세상 어딘가에 당신을 필요로 하는 누군가가 있다. 그 무언가와 누군가는 당신에게 발견되고 실현될 날을 기다리고 있다.
> 그러니 지금 아무리 힘들어도 포기하지 말자. 당신이 포기하지 않는다면 언젠가 인생에 YES라고 말할 날이 반드시 올 테니까. 설령 당신이 인생에 YES라고 말하지 못해도, 인생이 당신에게 YES라고 말할 날이 반드시 올 테니까."

제 책을 읽은 분들이 강연이나 워크숍에서 "덕분에 살아갈 용기가 생겼습니다"라고 말씀하실 때, 저는 살아갈 의미를 느낍니다.

마음이 소모되기 전에 생각할 것들

마찬가지로, 이 책을 읽은 분들도 그렇게 느낄 수 있다면 그 이상 큰 기쁨은 없을 것입니다.

불안, 허무, 자책에서 자유로워지는 빅터 프랭클 심리학

마음이 소모되기 전에 생각할 것들

인쇄일 2024년 8월 29일
발행일 2024년 9월 5일

지은이 모로토미 요시히코
옮긴이 나지윤
펴낸이 유경민 노종한
책임편집 김세민
기획편집 유노책주 김세민 이지윤 **유노북스** 이현정 조혜진 권혜지 정현석 **유노라이프** 권순범 구혜진
기획마케팅 1팀 우현권 이상운 **2팀** 이선영 김승혜 최예은 성채영
디자인 남다희 홍진기 허정수
기획관리 차은영
펴낸곳 유노콘텐츠그룹 주식회사
법인등록번호 110111-8138128
주소 서울시 마포구 월드컵로20길 5, 4층
전화 02-323-7763 **팩스** 02-323-7764 **이메일** info@uknowbooks.com

ISBN 979-11-7183-049-7 (03190)

- — 책값은 책 뒤표지에 있습니다.
- — 잘못된 책은 구입한 곳에서 환불 또는 교환하실 수 있습니다.
- — 유노북스, 유노라이프, 유노책주는 유노콘텐츠그룹 주식회사의 출판 브랜드입니다.